直播电商基础实务

主 编

车志明 冷 进 周云高

中国财经出版传媒集团
中国财政经济出版社

图书在版编目（CIP）数据

直播电商基础实务 / 车志明，冷进，周云高主编. -- 北京：中国财政经济出版社，2022.2

ISBN 978-7-5223-0896-8

Ⅰ.①直… Ⅱ.①车… ②冷… ③周… Ⅲ.①网络营销-中等专业学校-教材 Ⅳ.①F713.365.2

中国版本图书馆 CIP 数据核字（2021）第 221444 号

责任编辑：蔡　宾　　　　　责任校对：胡永立
封面设计：陈宇琰

直播电商基础实务

ZHIBO DIANSHANG JICHU SHIWU

中国财政经济出版社 出版

URL：http://www.cfeph.cn

E-mail：cfeph@cfemg.cn

（版权所有　翻印必究）

社址：北京市海淀区阜成路甲 28 号　邮政编码：100142
营销中心电话：010-88191522　编辑中心电话：010-88190666
天猫网店：中国财政经济出版社旗舰店
网址：https://zgczjjcbs.tmall.com
北京中兴印刷有限公司印刷　各地新华书店经销
成品尺寸：185mm×260mm　16 开　7.25 印张　132 000 字
2022 年 2 月第 1 版　2022 年 2 月北京第 1 次印刷
定价：25.00 元
ISBN 978-7-5223-0896-8
（图书出现印装问题，本社负责调换，电话：010-88190548）
本社质量投诉电话：010-88190744
打击盗版举报热线：010-88191661　QQ：2242791300

"直播电商基础"是中职直播电商服务专业核心课程,贯彻"做中学,学中做"和"基于直播电商工作流程导向"的设计思路,紧紧围绕直播带货的核心技能,使学生从社会需求入手,系统掌握直播带货的基本理论和相应技能,通过学生实训实习逐步达到自主创业时直播带货必须具备的能力。

本书立足于直播带货能力的培养,对课程内容作了根本性改革,打破以知识为主线的传统课程模式,转变为以业务流程为主线的任务引领型课程模式。以直播带货过程为情境,以时代发展前景为引,序化教学任务,整合项目模块,突出直播带货的策划、直播的数据分析以及直播流量的提升等技能点,使学生在完成具体任务的过程中构建理论知识,并发展其职业能力,培养综合素质。在此基础上,逐步引导学生通过直播带货服务地方经济助力乡村振兴。

全书共分为七个项目,其中项目一直播电商的概述;项目二选择合适的直播平台;项目三直播带货策划;项目四直播试播;项目五直播数据分析与提升;项目六直播流量提升技巧;项目七直播电商助力乡村振兴。

本课程建议学时为70学时,学时分配建议如下:

项目	内容	学时
项目一	直播电商的概述	10
项目二	选择合适的直播平台	8
项目三	直播带货策划	20
项目四	直播试播	10
项目五	直播数据分析与提升	6
项目六	直播流量提升技巧	12
项目七	直播电商助力乡村振兴	4
合计课时		70

本书由车志明、冷进、周云高担任主编，张琴、康林担任副主编，参编人员有朱兴旺、王丽、吴英、龚宗胜、杨腾达。冷进、周云高、康林承担了本书课程标准制定、大纲编写、全书定稿工作。本书在编写过程中得到了很多专家和老师的悉心指导，并提出了很多建设性意见，在此一并表示衷心的感谢；吸收了有关书刊、网络等的资料，在此一并致以诚挚的谢意。

由于编写时间仓促，书中难免存在不妥和疏漏之处，敬请专家和读者赐教和指正。读者意见可以发送至邮箱：97606225@qq.com

编者

2021年10月16日

CONTENTS 目录

◎ 项目一　认识直播电商　　1
　　任务一　初识直播电商　　2
　　任务二　直播电商的发展历程　　6
　　任务三　直播电商为什么这么火？　　13
　　任务四　热门直播类型有哪些？　　15
　　任务五　直播在5G时代的广阔前景　　17

◎ 项目二　选择合适的直播平台　　21
　　任务一　直播平台的分类　　22
　　任务二　主流直播平台的特点、规则和入驻流程　　24
　　任务三　如何挑选适合自己的直播平台　　37
　　任务四　了解直播变现的方式　　40

◎ 项目三　直播带货策划　　42
　　任务一　直播带货的必备心态　　43
　　任务二　直播间搭建的技巧　　45
　　任务三　做好直播的时间规划　　48
　　任务四　精心打造主播人设与账号　　50
　　任务五　如何策划粉丝喜欢的直播内容　　54

◎ 项目四　学习直播流程　　59

  任务一　撰写直播标题　　60
  任务二　制作直播首页　　62
  任务三　主播的形象塑造　　63
  任务四　发布直播预告与第一次试播　　66
  任务五　复盘第一次试播　　68

◎ 项目五　直播数据分析与提升　　72

  任务一　分析直播数据　　73
  任务二　提升直播数据　　76
  任务三　解析大IP主播人设　　78

◎ 项目六　直播流量的提升技巧　　81

  任务一　如何选择能火爆起来的产品　　82
  任务二　直播带货技巧介绍　　84
  任务三　剖析知名主播带货技巧　　86
  任务四　在平台直播中推广自己　　88
  任务五　多渠道全方位引流　　89
  任务六　引流软文要这么写　　90

◎ 项目七　了解直播电商　助力乡村振兴　　94

  任务一　解析直播电商对地方农产品发展方式的影响　　95
  任务二　解析直播电商对乡村振兴的影响　　98

◎ 参考文献　　108

项目一
认识直播电商

学习目标

- 了解直播电商发展历程与前景
- 熟悉直播电商的含义、本质及特点
- 能够拓展直播电商出现的条件与影响
- 能够鉴别直播电商与传统电商

导语

消费作为持续保持拉动经济增长驱动力的第一引擎，作用日趋凸显，消费意愿的持续释放越来越重要。消费者的消费意愿持续提升的同时，其消费逻辑也在升级，也就是所谓的"消费升级"。应对消费升级，直播电商是品牌应对消费升级的良策。学习直播电商将引导学生深入社会实践，紧跟社会发展的潮流，让学生成为学习的主体敢闯会创，在亲身参与中增强创新精神、创造意识和创业能力。

任务一　初识直播电商

▶ 问题引入

刷短视频的时候看到网上直播购物推荐页面,觉得主播推荐的商品正是日常所需要的物品,点击左下角的链接就能直接进入购买页面,这样的购物十分便捷。在网上搜索出现越来越多的商品推荐,这是什么新型购物方式?为什么会涌现这么多呢?

❖ 做中学

请在家人、朋友和同学中做个小调查,了解他们平时网购都是如何选择商品的,会购买主播推荐的商品吗?根据调查内容填写表1-1内容。

表1-1　　　　　　　　　消费者网购商品选择调查表

调查对象	选择方式	采取该方式的原因	是否会购买主播推荐商品

❖ 必备知识

中国消费者协会认为,"直播电商"是一个广义的概念,直播者通过网络的直播平台或直播软件来推销相关产品,使受众了解产品各项性能,从而购买商品的交易行为,可以统称为直播电商。还有学者认为,直播电商是电商企业平台推出的以直播形式销售商品,以高互动性、娱乐性、真实性和可视性为特点,提高消费者购物体验为目的的营销模式。

直播电子商务(Live-streaming commerce,也可简称为"直播电商")是电子商务的衍生模式,是在电子商务环境下通过直播媒介促进商品和服务的购买与销售的一种商务模式。需要注意的是,直播电商并不是直播媒介和电子商务的简单叠加,而是有着区别于传统电子商务的商业逻辑。

一、直播电商的本质

直播电商关注的焦点是"以人为本"。直播电商的经营是"货找人","人"是直播电商业务关系中的核心。

直播的效率在于既能满足"货"的动态化展示,更真实有效;同时又能实现主播的人设经营,积累用户的信任度,最终让用户都变成主播的粉丝。直播转化的关键在于经营"人",精准匹配粉丝的喜好和需求,因此是典型的"货找人",也就是主播依据用户的喜好和需求向其精准地推荐商品,降低用户购物决策的时间和难度。

"以人为本"的"人"有两个含义,第一是直播电商中的主播,第二是直播电商的消费者。主播要依靠不断的输出内容,让消费者认可并成为粉丝,才有可能进一步了解粉丝的需求,实现产品的精准推荐。在直播电商中,主播并不是帮品牌商卖产品,而是帮用户买产品。

如图1-1所示,当"人、货、场"的商业关系围绕"人"为核心的时候,直播电商就不再是传统的电商逻辑。

图1-1

首先,直播电商并不是电商的简单升级,不能单纯地把直播当成电商的新渠道。其次,直播电商提供给企业另一种经营品牌的路径,借助直播的高效率,企业一方面可以提高渠道效率和销售转化效率;另一方面可以通过经营直播的主播人设,达成粉丝积累和产品销售转化,进而实现品牌的建设。

案例

2020年5月14日晚8点,当身穿红色条纹外套、牛仔裤和运动鞋的某明星,出现在一个真实的厨房里开启自己的直播首秀时,所有第一次观看她直播的网友,都突然有了一种意料之外的亲切感。

这种"沉浸式直播"的概念是某明星自己提出来的,不同于很多主播坐在一张简单的桌子前就完成整场直播,某明星把直播间分出了厨房区域、餐厅区域、沙发区域，她在直播里把这些区域形容为"生活空间"，而非常规意义上的直播间。在不同的区域里向她的"刀客"们推荐相对应的产品，令这场历时四个小时的直播，变得更像是一场某明星与朋友间的好物分享会。

🔍 **想一想**

结合案例谈谈某明星是怎么改变观众的想法，使观众选择购买该商品。

二、直播电商的特性

直播电商借助直播媒介开展电子商务活动，具有实时性、真实性、直观性、互动性和精准性五大特征。

（1）实时性。借助于电商直播平台，主播能够实时地与用户分享自己的生活日常，将自身所处的环境、场合、氛围等信息一并传递给用户，这类动态化的内容，对信息的包容度更强，更适合进行信息的传递。用户也可以通过评论的方式对主播发布的相关信息进行实时交流互动。

（2）真实性。一方面，直播的实时传播使得作为内容传播者的主播难以"调试"自己，主播的举动都被实时传输到观看直播的用户面前，大大降低了网络的虚拟感，让用户获得更加真实的体验感。另一方面，在观看直播的过程中，用户可以就商品的相关问题与主播进行实时互动，主动向主播咨询和获取商品的有效信息。

（3）直观性。区别于传统电商平台上的文字和图片，在直播过程中主播能够对商品进行全方位的展示，将商品的设计细节更加直观地呈现给用户，还可以对商品的使用方法和技巧进行示范，让用户在了解商品的同时，也可以掌握商品的使用技能。

（4）互动性。与传统的商品展示相比较而言，直播电商具有很强的双向互动性。在直播的过程中，用户与用户之间、用户与主播通过弹幕实时互动，弹幕架起了用户与主播、用户与用户之间沟通的桥梁，从而营造出一种聚众观看直播的虚拟体验，满足用户的陪伴需求和社交需求。

（5）精准性。面对互联网上的海量信息，用户难以识别信息的有用性，而直播电商能够针对用户进行精准的传播，传播的内容对用户来说是有用的精准信息。进入到直播间的用户，本身就是对产品感兴趣的目标用户，这种行为是用户主动选择的结果，用户是凭借个人喜好的选择，因此具有高度的精准性。

用户接触直播电商带有购物的目的，此时主播就能通过互动精准把握用户的需求。同时主播通过对用户疑问的解答和多次商品展示，提升用户对于商品的认知，提供对用户有用的精准信息，极易完成商品的销售。

三、直播电商的优势

直播电商是对之前电商渠道的"人—货—场"的转型升级，核心则是基于用户生命周期管理构建新的营销体系和建立起与用户的深度连接。

第一，更好地体现4C理论的优势。在移动互联网时代，传统的4P（产品、价格、渠道、促销）营销力量升级为4C（消费者、成本、便利、沟通）理论，而直播电商则更明显体现4C理论的优势，体现在：以用户为中心的用户体验更好，用户通过直播场景可购买高性价比产品，省去中间商赚差价，成本更低，厂家和用户之间的触达更为便利，且带有很强IP属性的主播能与用户建立起高度的信任，沟通效果更好。

第二，更能获得用户的信任感。为了更好地取得用户的信任感，以有趣、有料、有用的内容来营销更容易赢得用户的信任和托付，成本更低且效果更好，由于直播带货的主播具有很强的IP属性，且与用户之间频繁，高效地互动，因此用户的信任感更强。

第三，更好地帮助传统企业进行彻底的互联网转型。传统企业转型的途径就是"网络协同＋数据智能"的数据智能化升级，而数据智能化升级的核心是建立起用户连接并对用户进行全方位、全生命周期的画像、互动、价值创造。要与用户建立连接，就必须构建用户流量池，即建立起真正属于企业自身的私域流量池，而直播电商能够更好地吸引用户，进而把用户转化为企业自身的私域流量，这将极大地助力企业数据智能化的转型升级。

查一查

查找4P理论和4C理论的定义，并了解这两个理论的优势。

任务二　直播电商的发展历程

▶▶ 问题引入

在生活中商家或者个人都纷纷入驻电商平台，直播电商会吸引这么多人蜂拥而至，在传统消费下能突出层层重围，独领风骚。其中究竟有什么魅力呢？它是如何发展而来的呢？

1994年4月20日，互联网正式进入中国之后，就一直在迭代创新，其影响范围从新闻业到娱乐业、电商业，再到其他各行各业，从消费互联网到产业互联网，从产业发展到政府治理创新。而与广大人民群众的美好生活需要紧密相关的电商更是快速迭代，从传统电商到社交电商和内容电商，而近期比较火的直播电商则是内容电商的最新阶段。随着科技的快速发展，不出门即可做到购物、上课等，然而人们的线上购物需求不再满足于图片和文字的展示，而是希望线上购物能够以更直观的方式展示，商家便开始了电商直播。

一、萌芽期：我国最早的电商形式——EDI电子商务

在互联网出现不久，随着通信基础设施、互联网技术、信息技术等取得突破性进展，尤其是电子数据交换（Electronic Data Interchange，EDI）技术的开发，一种基于互联网，以交易双方为主体，以银行电子支付和结算为手段，以客户数据为依托的全新商务模式——电子商务被提上议事日程。1996年12月6日，联合国第85次全体会议通过了第51/162号决议，正式颁布了《贸易法委员会电子商业示范法》及其《颁布指南》。该法案的颁布，规范了电子商务活动中的各种行为，极大地促进了世界各地电子商务的发展，并为各国电子商务立法提供了一个范本。1995年，亚马逊公司成立，成为美国最早的电子商务公司之一，同年eBay公司成立。1998年年初，美国政府宣布了三项免税政策草案，将网上购物这种商业形式与传统的贸易方式区分出来，用法律形式保护新型的电子商务市场，该免税政策也被包括中国在内的其他国家所借鉴。

🔍 查一查

查找资料，了解EDI电子商务的特点和应用现状。

1997年，中国商品交易中心和中国化工网成立，成为中国最早的两家电子商务公司，从事的均为B2B业务。其中，中国商品交易中心是综合性网站，面向所有行业，而中国化工网则是行业性网站，只面向化工行业。目前，两家电子商务公司依然在开展业务，但是用户规模和体量都相对较小。

目前，我国的电子商务商业模式大致可以按照交易对象分为五类：商业机构对商业机构的电子商务B2B，商业机构对消费者的电子商务B2C，商业机构对政府管理部门的电子商务B2G，消费者对政府管理部门的电子商务C2G以及消费者对消费者的电子商务C2C。虽然一些更新颖的模式如BBC已经初现，但要想大规模地发展起来还需要经过比较长的一段时间的成长。而B2G、C2G是政府的电子商务行为，不以营利为目的，主要包括政府采购、网上报关、报税等，对整个电子商务行业不会产生大的影响。

议一议

讨论交流B2G与C2G这两种电子商务模式的区别。

二、早期发展期：我国电商公司的崛起

1999年，经过几年的发展，我国互联网发展取得了长足进展，主要体现在网民数量的高速增长。根据CNNIC（中国互联网络信息中心）的数据，截至1998年年底，我国网民数量为210万人，而到了1999年年底，则已经达到890万人，一年之内翻了2番多。我国网民数量的高速增长让先行者深刻认识到互联网和电子商务的巨大潜力，这年电子商务公司、如雨后春笋般纷纷成立。1999年5月18日，我国第一家电子商务C2C平台8848公司成立；同年8月，易趣在上海成立；同年9月，马云正式成立了阿里巴巴集团，集团的首个网站是英文全球批发贸易市场阿里巴巴，此后又推出专注于国内批发贸易的中国交易市场（现称"1688"），并且于10月从数家投资机构融资500万美元；同年11月，对标美国亚马逊的当当网成立。创业之初，在商业模式方面，8848公司、易趣公司、当当网等采取的是C2C商业模式，而阿里巴巴采取的则是B2B商业模式。

从1999年到2000年，8848公司和易趣公司如日中天，被人形象地称为武林江湖中的武当和少林。1999年11月，Intel公司总裁贝瑞特访华，称8848公司是"中国电子商务领头羊"；2000年1月，8848网站被中国互联网大赛评为中国优秀网站工业与商业类第一名；2000年2月，美国《时代》周刊称8848网站是"中国最热门的电子商务站点"；2000年7月，8848网站被《福布斯》杂志列入中国前十大网站。2001年，CNNIC的调查显示，8848网站是中国工业和商业类网站被用户访问最多的网站。到2001年，8848公司先后融资约6000万美元。尤其在马云于2000年9月10日在杭州组

织的第一届"西湖论剑"中,嘉宾有搜狐网首席执行官张朝阳、新浪网总裁王志东、网易董事长丁磊、8848公司董事长王峻涛、阿里巴巴首席执行官马云、著名作家金庸,足以可见8848公司当时的江湖地位。易趣也是盛极一时,在CNNIC于2000年1月发布的第5次《中国互联网络发展状况统计调查》中显示:易趣网以最高票数位居国内拍卖网站之首,成为中国最受欢迎的拍卖网站。2002年3月,全球最大的电子商务网站,美国的eBay公司注资3000万美元,与易趣结成战略合作伙伴。虽然在此期间,阿里巴巴的地位不如8848公司和易趣网,但也处于高速发展期,2000年1月,阿里巴巴从软银等数家投资机构融资2000万美元;2001年12月,阿里巴巴注册用户数超过100万。2016~2020年中国在线直播用户规模如图1-2所示。

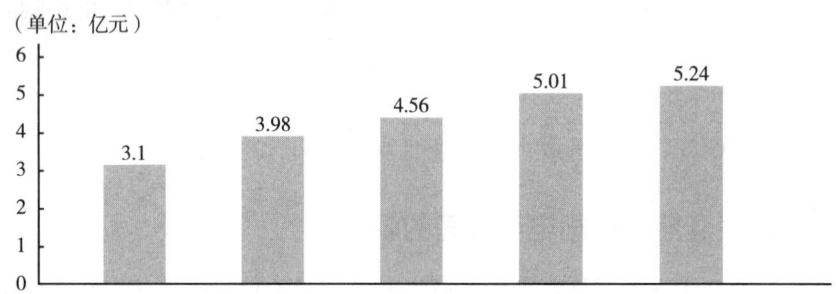

图1-2　2016—2020中国在线直播用户规模

做中学

小组分工调查,了解当地知名的电子商务企业,把收集到的数据整理填入表1-2中。

表1-2

公司名称	商务模式	成立时间	产品类型	创始人

互联网高速发展的同时也带来了大量的泡沫,2000年第一次互联网泡沫危机不期而至,中国的电子商务公司也深受影响。经过多次资本运作且创始人王峻涛(老榕)退出之后,曾经如日中天的8848公司开始没落,令人唏嘘不已。另一家极其辉煌的电子商务公司易趣也开始走下坡路,由于激烈的市场竞争,虽然在2002年3月得到全球

最大的电子商务网站eBay公司的大力支持，但易趣的困难处境仍然没有发生根本的改变。2003年6月，eBay以1.5亿美元的价格收购了易趣。虽然第一次互联网泡沫危机给电子商务公司带来了巨大冲击，但是中国的网民数量却一直在高速增长，CNNIC的数据显示，截至2004年年底，中国的网民数已经高达0.94亿，是1999年年底890万的10.56倍。网民数量的高速增长为电子商务的发展打下了坚实基础。

正是看到中国互联网市场和电子商务市场巨大的潜力，国内外投资机构纷纷加码电子商务公司。2004年2月，阿里巴巴从数家一线投资机构融资8200万美元，成为当时中国互联网领域最大规模的私募融资。

电子商务在转变经济发展方式，推动经济转型升级、促进流通现代化中发挥着重要作用。目前我国电子商务呈快速发展态势，交易金额不断扩大，电子商务与各行各业深度融合，未来我国电子商务发展空间巨大。

想一想

电子商务与各行各业深度融合，会对传统商务模式带来哪些冲击？

三、快速发展期：B2C电商进入全盛时代

在国际大资本和用户规模快速增长的双重驱动下，本土的电子商务公司不断推出重大创新，奠定了中国电子商务行业的发展基石，中国的电子商务行业也迈入快速发展期。

eBay、易趣败走麦城。eBay、易趣与淘宝网之争是我国电子商务发展史上第一次极其惨烈的同业竞争，淘宝网创新免费策略与行业老大eBay、易趣展开激烈竞争。在淘宝网等本土电子商务公司的激烈竞争下，虽然eBay投入大量资金支持eBay易趣与淘宝网进行竞争，但之前一路领先的eBay易趣在中国的处境日趋艰难，市场份额也一路下滑。相关数据显示，2005年，eBay易趣的市场份额为29.1%，而淘宝网则是67.3%。至于原因，从表面上看是二者商业模式的不同，淘宝网采取的是免费服务模式，而eBay易趣则一直采取收费服务模式；而根本原因却是美国公司eBay主导下的eBay易趣对中国本土市场水土不服。由于eBay缺乏对中国市场的深入系统化的研究，且eBay易趣的自主决策权限小，导致决策链条长、决策效率低下，难以灵活应对中国本土快速变化的市场需求。当然这不仅仅是eBay易趣一家的问题，不少美国公司在中国都遭遇了"滑铁卢"。此外，淘宝网在与行业老大eBay易趣开展竞争时采取的免费策略，符合互联网的"免费+收费"的商业模式，是竞争策略的一种重大创新，而后来竞争策略由免费策略进化到补贴策略。阿里巴巴与雅虎进行深度战略合作并推出具

有里程碑意义的创新产品——支付宝。由于阿里巴巴的快速发展和具备的巨大潜力，2005年8月11日，阿里巴巴与雅虎宣布双方签署合作协议，阿里巴巴收购雅虎中国全部资产，同时获得雅虎10亿美元的投资，并享有雅虎品牌及技术在中国的独家使用权；雅虎获得阿里巴巴40%的经济收益和35%的投票权。在中国互联网快速发展的同时，远隔万里的陌生网名之间的信任问题就成为制约互联网和电子商务进一步发展的关键，阿里巴巴深刻地认识到该问题，创新性地推出第三方网上支付平台（支付宝），有效地解决了互联网的信任问题，为电子商务的爆发式发展提供了坚实的基础。

议一议

我国创新性地推出第三方网上支付平台，这对我国的经济发展会产生怎样的影响？

时间到了2008年，虽然全世界都在遭遇金融危机的煎熬洗礼，但是互联网尤其是中国互联网仍处于高速发展期。CNNIC的数据显示，截至2008年年底，中国的网民数量为2.98亿人，是2004年年底0.94亿的3.17倍，中国成了网民数量最多的国家，且电子商务交易额首次突破3万亿元，而到了2009年，中国的网购人数也突破1亿人。

在网购人数和电子商务交易额迅猛增加的同时，京东加入战场。2003年，受非典的严重影响，复制国美线下模式的京东遇到很大的困难，野心勃勃的刘强东痛定思痛，决定关闭所有线下门店，并于2004年1月正式开通京东多媒体网，开辟了电子商务领域的创业实验田。除了北京总部之外，又设立了上海、广州子公司，形成了由北京、上海、广州三地为基础覆盖全国的销售网络。京东多媒体网在发展过程中，充分借鉴了淘宝网的经验，意识到B2C市场的巨大潜力。京东多媒体网在2007年6月正式更名为京东商城，并采取了绝大多数商品自营的B2C的商业模式，显著区别于淘宝网的运营平台B2C的商业模式。当月，京东商城日订单处理量突破3000个。

2008年，淘宝网也推出淘宝商城，即如今的天猫，目前天猫已经成为阿里巴巴重要的收入来源。在相当长的时间内，电子商务市场成了天猫和京东商城两家电商巨头大战的战场，虽然其间也有凡客等新进入者的红极一时，但绝大多数都是昙花一现，对阿里巴巴和京东产生不了实质的影响。

时间到了2010年，PC互联网也遇到了天花板。也就是在这一年，爆发奇虎360和腾讯之间的"3Q大战"。其背景就是PC互联网时代的流量红利的衰竭，增量市场不再，大家只能在互联网的存量市场之中激烈竞争。幸运的是，2009年3G牌照的发放，给我们带来了更大的移动互联网红利。2009年8月，新浪推出"新浪微博"内测版，对标美国的Twitter，成为门户网站中第一家提供微博服务的网站，并很快超越了饭否等先行者而成为中国社交媒体的领先者，移动互联网的红利在其中起着巨大作用。

随着3G技术的广覆盖，中国的网民数量尤其是手机网民数量高速增长，根据CNNIC的数据，截至2012年年底，中国的网民数量为5.64亿，互联网普及率为42.1%，是2008年年底的2.98亿的1.89倍；手机网民数量为4.20亿，市场渗透率为74.5%，是2008年年底的3.56倍，可以看出手机网民的增速远远超过网民的增速。阿里巴巴、京东紧紧抓住移动互联网的机会，快速向移动互联网转型。2010年8月，阿里巴巴推出淘宝手机客户端，于2011年6月将淘宝网分拆为三家公司（淘网、淘宝网、淘宝商城），并于2012年1月把淘宝商城正式更名为"天猫"；2011年2月，京东商城发布第一版京东商城iPhone客户端软件，随后陆续推出了Android、iPad、Symbian、Windows Phone、KJava等平台的客户端软件，又上线了iPhone团购、电子书客户端。此后，在商家的各种扶持政策下，互联网的用户快速向移动端迁移。

鉴于移动互联网的巨大潜力，老牌互联网公司和新兴的有实力者纷纷加入战团。先是腾讯公司于2011年1月开发出基于移动互联网为智能手机终端服务的微信，若干年后微信成为我国首屈一指、拥有数以亿计用户的杀手级互联网应用，基于微信的各类电商对阿里巴巴发起一轮又一轮的挑战。在微信这一社交平台高歌猛进的同时，社交网站新浪微博也在保持高速成长，截至2013年3月，新浪微博注册用户数达到5.03亿人。2013年4月，阿里巴巴和新浪微博宣布达成战略合作协议，阿里巴巴通过其全资子公司，以5.86亿美元购入新浪微博公司发行的优先股和普通股。而一年后的2014年4月17日，新浪微博就正式登陆美国纳斯达克。由于移动互联网的巨大红利，快手、字节跳动等新贵高速成长。在2011年3月，快手的前身——GIF快手诞生，并于2012年11月从纯粹的工具应用转型为短视频社区，致力于成为用户记录和分享生产、生活的平台。2012年，字节跳动创立，作为国内最早把大数据和人工智能等新技术应用于移动互联网的公司之一，得益于大数据和人工智能红利、移动互联网红利、自媒体红利、短视频红利等，快速成长为知名的互联网企业。快手、字节跳动等得益于移动互联网红利，并成功把握住了新技术红利和短视频红利等，已经成为中国互联网版图的重要力量。

想一想

大数据和人工智能等新技术的应用会对我国电子商务的发展产生哪些影响？

2013年12月，中华人民共和国工业和信息化部正式向中国移动、中国电信和中国联通三大运营商发布4G牌照，更宽的带宽和更快的网速给移动互联网带来了更大的机遇，电子商务借助移动互联网红利而取得了更大的发展。腾讯这一互联网巨头在对自身的电子商务业务发展不够满意的情况下，一则基于微信生态而大力发展微商，二则通过战略投资京东商城而从侧翼对阿里巴巴发起攻击。2014年3月10日，腾讯与京东商城联合宣布，腾讯入股京东15%，腾讯在流量上对京东商城大力扶持。而在商业模式上，O2O（Online To offline）这一新的电商模式开始崛起。不仅京东商城等线上平台开始通过O2O向线下拓展，线下实体店也开始向线上拓展，苏宁电器于2013年2月将公司名称变更为"苏宁云商销售有限公司"，并明确提出线上线下有机结合的"电商+店商+零售服务商"的"云商"新模式。2015年8月，阿里巴巴宣布以约283亿元战略投资苏宁，成为其第二大股东，苏宁将以140亿元认购不超过2780万股的阿里巴巴新发行的股份，双方通过打通线上线下来全面提升效率。2016年，阿里巴巴正式提出"新零售"，核心是以大数据技术重构人、货、场，融合线上线下的消费者运营和服务场景。同年，淘宝的内容化、社区化战略大踏步向前演进，淘宝直播也在这一节点萌芽。

查一查

了解O2O这一新电商模式的特点。

直播电商的发展可以简短地概括为：

2016年红利期：移动直播的风口，以游戏直播和秀场直播为主淘宝、蘑菇街、京东等电商平台率先探索直播模式；

2017年成长期：淘宝、蘑菇街等电商平台着手孵化直播网红、供应链整合等，李佳琦等直播网红涌现；

2018年蓄能期：快手、抖音等短视频平台试水直播电商服务于直播电商的MCN快速成长直播电商逐步向精细化运营发展；

2019年爆发期：直播带货GMV暴增，淘宝直播领跑市场引入明星主播、发展村播等辐射增量人群，各个平台加码网红培养流量扶持，拼多多、小红书、知乎等平台上线直播功能，MCN机构不断深化商业变现模式探索；

2019年至今的持续发展期：直播电商巨头领跑腾讯加入直播大军未来模式继续保持高增行业向平台化、产业化发展。

议一议

为什么连电商巨头都陆续加入直播大军的阵营？小组开展交流、讨论，积极发表自己的意见。

任务三　直播电商为什么这么火？

▶▶ 问题引入

　　近几年来，电商直播做得风生水起，吸引无数主播、平台入局。那么如何从不同角度思考、了解直播？电商直播为什么这么火呢？崛起的原因又是什么呢？

　　业内人士认为，直播带货重构了电商、产品和消费者的关系。对于商家来说，直播通过商品和服务的直观呈现更能打动顾客，商家可以通过直播直接跨过不会"讲话"的商品，在直播间与消费者沟通。对于消费者来说，直播购物的"致命"吸引力一方面源自主播与粉丝的高粘度，另一方面源自极优惠的价格。"直播容易通过直观的方式建立起主播与用户之间的信任。"电商内容营销公司墨臣机构首席执行官胡凤莉说，直播平台已经不单只具备销售功能，还有相当不错的广告效益，跟明星、模特相比，主播不需要高额的代言费，而且形象接近普通人，他们的推荐更具带入感。

🔍 议一议

　　在你记忆中印象最深的一场直播是怎样的？

　　现在直播电商很火爆，从网红到明星、县长、企业名人等，越来越多的人参与到这个大浪潮中来，将直播电商推到电商经济的浪尖之上。任何一个商业崛起，总有其独特的优势，也是原商业不断进化的结果。直播电商崛起有以下原因：

　　第一，互联网基础设施条件满足；

　　第二，传统电商的流量成本越来越高，流量增速降低，经营者收益空间在萎缩；

　　第三，主播自带流量，是产品的代言人，降低消费者比较、试用成本，提高信任度；

　　第四，品牌营销效率更高，更容易建立品牌认知；

　　第五，电商市场竞争激烈，流量争夺完全白热化，需要新的模式或工具来巩固和争夺流量。

　　直播电商在流量、品牌营销、消费者与产品连接效率等方面弥补了传统电商的一些不足。直播电商会取代传统电商吗？其实并不会，这是因为：

第一，传统电商依然是产品的最终承载地；

第二，品牌认知的孵化依然需要借助传统电商；

第三，直播电商主要是提高销量的流量工具和提高品牌影响力的营销工具；

第四，直播电商在某一产品的营销上，会占用较多的国民时间。

做中学

分析传统商业与直播电商在对产品营销方面有何不同。

那么，直播电商会带来哪些影响？

第一，直播电商会是更高效的品牌宣传推广工具。直播电商将产品与消费者的距离进一步拉近，在借助主播安利能力的情况下，大幅度提高了消费者与产品的交互频率，将产品的功能、特点、品牌等信息不断传输给消费者，提高消费者对产品的品牌认知。

第二，直播电商的不断发展将会加快小众品牌的崛起，淘汰低劣产品。主播是产品的代言人、担保人，在将产品推广给消费者之前，需要不断地筛选、试用产品，这也导致不少低劣产品被主播先淘汰掉；另外，销售出去的产品，如果出现因产品瑕疵、描述不符等情况而导致退货，除了影响业绩之外，也会影响产品形象、降低信任度。

以上这些因素，将会不断激励产品厂家或商家生产更优质的产品，维护自身品牌形象；随着口碑、品牌的不断积累，逐渐形成独立稳定的市场，建立起属于自己的品牌护城河。

知识补充

"人、货、场"分别指的是：人——创造业绩的主体；货——货无质量，无异于无水之源；场——好环境才能刺激消费欲望。不管是微商、电商还是店商，有三大关键要点，分别是"人""货""场"三个重要的环节，缺一不可，紧紧相连。只有同时做好这三个方面的工作，才能有序高效地经营。

任务四　热门直播类型有哪些？

问题引入

各大行业巨头都在纷纷布局直播行业，搭建直播平台。直播行业进入人们的视野以来，经历了一个飞速发展的时期。行业的潜力随着时间的推移，空间越发地变大起来。就目前情况来看，直播行业发展潜力巨大，通过对直播用户的分析、观察与总结，目前市场上常见的直播类型有哪些呢？

一、以娱乐为主的秀场模式

秀场直播最初于2005年在国内出现，原型为网络视频聊天室，2009年后逐渐转变为以主播为核心的秀场模式。秀场直播参与门槛较低，内容同质化程度较高，其变现形式单一，主要以用户打赏为主，限制了秀场模式的发展。但秀场模式发展到今天，依然有一定的活跃度，并且随着移动通讯设备的普及，秀场模式打破了原来空间上的界限，直播背景不局限于一个房间，直播地点可搬到户外任何一个地方，这增加了直播的趣味性，内容也更加多元化。

议一议

采用以娱乐为主的秀场模式的直播，会出现哪些问题呢？

二、以宠粉为主的互动模式

以宠粉为主的互动模式相对秀场模式更"接地气"，是基于强社交信任关系驱动的直播模式。其基于强社交信任关系驱动，主播通过粉丝的关注、信任和互动，推荐产品，这种模式对粉丝质量与私域流量控制力要求较高。

想一想

宠粉为主的互动模式中，最关键的因素是什么？

三、以推荐为主的带货模式

带货模式指的是主播以关键意见领袖（KOL）的身份，通过直播形式推荐商品并最终达成交易的电商形式，与传统电商相比，直播电商带货模式具有去中心化、强标签化、强互动性等特点。

议一议

直播带货模式是因为何种因缘际会而出现的？

任务五　直播在 5G 时代的广阔前景

问题引入

现在各大运营商都开始布局 5G 网络，相信不久的将来人人都会用上 5G 网络。网速的提升，未来人与人之间的网络连接会更加紧密，现在就是把握时代机遇的时候。网络直播，前景不可小觑。时代背景赋予人们这样的机会，那么究竟直播在 5G 时代下有怎样的广阔前景呢？

5G 无疑是今年的热点话题，5G 的商用意味着将给我们的生活带来新的改变，万物互联将不再是梦想，5G 时代的到来使得互联网、医疗、制造业、娱乐业、交通运输等诸多行业都会发生极大的变革。2020 年受到疫情的打击，各行各业都受到了不同程度的影响，而直播行业则在今年实现了井喷，成为了不少宅家朋友的消遣活动。那么 5G 与直播又有什么联系呢？它会让直播行业更上一层楼吗？答案是肯定的，5G 直播将给用户带来前所未有的沉浸式体验。

直播电商的发展模式：

（1）电商平台增加直播模块，探索电商内容化，通过直播增加电商平台流量。

（2）内容平台增加电商模块，探索内容电商化，为已有流量变现。

直播电商的发展动因：

直播电商发展至今，经历了红利期、成长期、蓄能期，分析其发展动因，主要有以下六个方面。

（1）提升用户体验的必然趋势。直播电商实现了购物过程的及时性、增强了互动性，同时利用主播专业知识降低购物成本，最终提升了购物体验。

（2）电商平台流量红利趋弱。传统电商平台增速降低，需要社交内容化解决用户粘性与留存难题。直播平台是社交内容类平台，用户年薪高。

（3）5G 等新一代信息奠定技术基础。5G 技术与 AR/VR 技术的发展改善了直播体验，提升了用户的参与感、互动感。

（4）内容平台新商业变现模式。以抖音、快手为代表的短视频、直播平台发展，并将流量转向电商变现。这是短视频直播等内容平台的新商业变现模式探索。

（5）完善的供应链助力直播电商发展。供应链效率的提升使得主播只需将直播间订单发给商家即可，打通了上、中、下游的全产业链，将直播电商的影响力发挥到极致。

（6）受新冠肺炎疫情影响，线上消费需求激增。2020年，新冠肺炎疫情的暴发使得线上娱乐、购物增多；同时由于疫情影响线下市场逐步向线上转移。

直播电商已成为企业建设品牌的有效路径，不仅可以帮助企业高效获取精准用户，而且可以有效提高销售效率，有着独特的商业价值。

（1）直播已成为企业建设品牌的有效路径。

（2）直播可帮助企业高效获取精准用户。①通过KOL获取精准客群；②直播IP的打造和积累。

（3）直播可以有效提高企业销售效率：①直播可有效提升企业渠道效率，加强与消费者沟通；②直播可有效提升产品销售转化效率。

近年来，一批知名主播每年的销售额甚至比大型商场全年销售额都高，这些主播们的收入也随之水涨船高。直播带货在流量大背景下为何如此火爆？可以从供给侧和需求侧这两个角度来分析。

首先，从供给侧来看，网络、终端、直播平台、支付、物流等技术的不断完善，给直播带货的发展提供了坚实的基础。同时，淘宝等各大传统电商的推荐位和搜索排序等早已趋于稳定和饱和，产业的后进入者（平台和商家）都在寻找新的突破口。我们看到，拼多多发现了基于社交的裂变方式，而另一些商家则发现了基于网红经济打造私域流量的模式，直播带货就是私域流量变现的重要途径。

议一议

5G时代的来临，将对中国哪些领域带来了巨大的影响？

其次，从需求侧来看，"宅文化"早已深入人心，电商平台成为消费者日益重要的消费方式。如何刺激消费者的弹性需求呢？智能化推荐是一种方式，另一种就是依靠主播等方式经营粉丝经济。物质越丰富，消费者越容易陷入选择困难的怪圈，这时他们往往会选择一个自己信赖的人帮自己选货。因此，头部主播们主要带货的内容，除了火箭等吸引观众眼球的产品外，大部分的商品都是消费者生活必需品。

无论你是否被直播成功带过货，都不可否认其目前的火爆程度。从某种意义上来说，这也给5G时代的直播带货的演进发展创造出了良好的条件。5G时代的直播带货会以何种形式呈现？在与市场环境结合下，未来直播带货的场景将有以下三个特征。

第一，全场景。未来的线下商店，尤其是一些品牌店内，很有可能出现这样的场景——一部分的营业员在服务顾客，另一部分营业员正在拿着移动终端进行线上的直播销售。通过良好的5G网络覆盖，消费者能实现零时差的"云购物"体验。在疫情期间，已经有部分商场邀请当红主播，在商场内的各个品牌店中来回进行带货直播。

第二，全品类。目前的直播带货仍以实体化商品为主，而在5G时代，一些服务类产品将可以被展示，如旅游场景、家政服务场景等。消费者通过5G+VR/AR等方式，能更直观地了解这类商品。当然，这依赖于更强大的网络以及先进的移动终端支持。

第三，沉浸式体验。目前的直播带货，消费者仍以"看"为主，主播们无论是展示剃须刀的用法，还是大口吃肉，消费者只能去想象该商品的使用效果。但在未来，随着VR技术的发展，用户将有更明显的沉浸式体验，能360度全视角地身临其境，同时其他感官也将被逐步模拟出来。例如，在VR装备的帮助下，消费者能看到面前镜子中自己穿衣服的真实效果，也能感觉到身上穿着衣服的材质和触感。

5G时代的到来，将补足现有直播带货模式的短板，5G直播将引领全场景沉浸式"带货"盛宴，让消费者的线上购物有更多花样、更多选择、更好的体验。

技能训练

小组合作开展训练，调查并体验网上购物，完成以下操作。

（一）调查了解国内常用的直播电商平台

小组合作，组内合理分工，完成以下的调查任务：

调查访问国内主要购物网站的移动端，归纳总结目前国内网上购物常用的电商平台，具体有_____

（二）任选一种常用的直播电商平台，体验交易流程

根据以上调查、讨论结果，组内分工，组员任选一种常用的直播电商平台，体验交易流程（可以模拟购买）。

1.你选择的直播电商平台是_____

2.你选择的产品是_____

3.你选择该产品的原因是_____

（三）交流体会

各小组成员组内交流讨论自己的体验，并选派代表在班级中交流。

1.目前国内主要的直播电商有_____

2.根据调查体验,比较受消费者欢迎的直播电商平台有_____

3.结合自身体验,谈谈观看电商直播时,你最担心的问题是什么,有没有好的解决措施_____

4.结合自身体验,谈谈直播电商带来的便利_____

(四)老师点评

_____

_____

_____

项目二
选择合适的直播平台

📖 学习目标

- 熟悉直播平台的分类
- 能够说出不同直播平台的特点、规则和入驻流程
- 能够根据产品属性选择合适的直播平台
- 了解直播变现的方式

≫ 导语

随着直播技术的进步,各行各业开始入局直播,其中电商行业走在最前列。如今做电商直播已经成为了一种常态。而在 2021 年,做电商直播选择主做内容还是主做电商,还是要看直播平台的属性。不同的平台具有不同的优缺点,主播应根据自身的能力和特点,选择适合自己的直播电商平台。

任务一 直播平台的分类

▶▶ 问题引入

直播平台多种多样，针对不同的直播类型，有许多不同的平台，每个平台会倾向于某一领域。那么，日常生活中常见的直播平台有哪些？不同的平台有什么特点呢？

常见的直播平台有娱乐类、游戏类、购物类、专业领域类和体育类，具体特点如下：

一、娱乐类

娱乐类直播主要包括娱乐直播和生活直播两类。其中，娱乐直播主要为女主播卖萌撒娇等；生活直播主要为逛街、做饭、出行等。随着人们生活水平的提高，更加注重精神生活，而娱乐是提升人类精神生活愉悦感的重要途径，人们通过娱乐类直播平台，可以实现"全民互动"，从这点来看，娱乐直播的市场前景是十分广阔的。

🔍 想一想

为什么日常生活中一件小事都能在网上迅速火起来？

二、游戏类

游戏行业一直是巨头们青睐的对象，特别是电竞在全球的发展带来大量的资本涌入。国内现在的游戏类直播用户主要集中在斗鱼TV、虎牙直播、战旗TV、龙珠直播、火猫等平台。目前，互联网巨头不断加快国内电竞游戏类直播的布局，可见，电竞游戏类直播是巨头们争夺的焦点。

三、购物类

购物类直播主要通过各类网络达人在"电商+直播"平台上和粉丝进行互动社交，达到出售商品的目的。购物类直播平台如淘宝、京东、聚美优品、唯品会等，其用户以女性居多，多以大学生、白领为主，消费水平处于中上游。

这类直播平台的盈利方式以商品销售为主，增值服务（虚拟道具购买）为辅，吸粉方式主要是网络达人和明星入驻。

四、专业领域类

专业领域类直播平台针对的用户人群与其他直播平台有很大不同，它们针对的是有信息知识获取需求的用户，如疯牛、知牛直播等。这类直播可以将人们的注意力从原本枯燥的文字转移为人和口语的表述上，通过演讲、辩论等表现力十足的方式呈现在大众面前，因此这类直播平台非常具有发展潜力。

专业领域类直播平台的专业门槛较高，因此对主播的要求很高，也更加关注主播的解说和内容。这类平台的盈利方式为付费收看，服务收费，媒体、企业、商业推广等；吸粉方式主要是引进专业领域内的领袖入驻，为用户提供专业信息知识和技术服务。

议一议

在选择专业领域的直播平台时，你最看中平台的哪一方面？

五、体育类

这类平台除了体育明星直播外，体育赛事也是娱乐活动的主要内容之一，受到大众的欢迎和认可。懂球帝、章鱼TV和企鹅直播是目前最受体育类直播用户欢迎的，其PGC和UGC内容平台均获认可。这三个直播平台起步较晚，移动用户多数来源于本身积累的大量体育爱好者，但功能和内容方面的布局比较成熟，市场主要特点是版权竞争激烈和产品创新突出。

议一议

随着世界的发展，你认为体育类直播会大火起来吗？

任务二 主流直播平台的特点、规则和入驻流程

>> 问题引入

随着网红经济的发展，网络直播平台和网络主播混得风生水起。大大小小的直播平台竞争激烈，在这样激烈的竞争环境中凭借自身突出特点处于领先位置的平台应该有很多，那么目前主流直播平台各自的特点有哪些呢？平台的规则和入驻流程又是怎样的呢？

直播的优势在于它在互联网媒体基础上，融入了"传统媒体"的特色：分散在各处的注意力，通过各种造势手段，被吸引到某一个平台，某一个时段聚焦，就像我们过去看电视一样，营销效果不言而喻。同时直播营销还具有互动性，它再不像以前的广告，某个时间段播出，而受众只能被动接受，直播能让受众与商家进行即时互动，让商家能即时为受众解决对产品的顾虑，再配合销售渠道推广，让即时成交成为可能。

一、淘宝直播：流量大，品类多，以女性为主

在2016年直播元年，大部分人只知道花椒、映客平台，很少有人知道淘宝也上线了直播板块，那时，淘宝直播板块的位置还在手机淘宝App的第四屏，即打开手机淘宝后，要用手往下划4下，才能看到入口。那时的淘宝直播机构也很少，第一批仅有30家。到2017年年底，机构数量被严格控制，基本上维持在170家左右。

2018年3月30日之后，淘宝直播板块的位置移到了淘宝App第一屏的位置，流量一下子从百万级上升到了千万级，较早入驻的机构纷纷获益。同时，机构和商家直播都被放开了限制，只要商家有MCN模式运营经验，都可以申请开通淘宝直播。据统计，2018年，淘宝直播在淘宝站内引导成交量达到1000亿元。

2020年2月17日，淘宝发布了两份《淘宝经济暖报》，这两份暖报的上线预示着：疫情期间，企业复工不是梦！根据相关数据统计，2月以来，大约有3万人首次在淘宝开店，新开店数量的前三名省份为广东、浙江和江苏。

"街上没人，不代表没人逛街"，数据显示，淘宝直播"云卖方"已吸引200万人

观看；明星开淘宝"云演唱会，接近400万人一起"嗨"；各类汽车品牌开启淘宝"云试驾"，引发众多"汽车发烧友"的追捧。

议一议

新型直播的购物方式，对传统的购物方式的冲击力大吗？

1. 淘宝直播的用户画像分析

（1）淘宝直播用户画像。

从性别结构上看，越来越多的男性开始在直播间边看边购物，2019年淘宝直播男性消费者比例已近40%。

从城市线上来看，淘宝直播主要用户群体，既有小镇青年，也有二三线城市的职场精英。

从年龄上来看，淘宝直播用户群体集中在"80后、90后"、其次是"70后"，而"00后"也是占了相当大的比重。

从城市分布上来看，淘宝直播用户群体在一线城市北上广深人数量多，东莞跻身前十名。

（2）淘宝直播用户偏好。

女装仍是淘宝直播消费者最爱买的商品。其他类的偏好度，男性用户更偏好3C数码，大家电，家装，汽车，运动户外等类目。

"70后"用户更偏好于家纺家居家电等类目，"90后"更偏好美妆产品，"00后"尤其偏好3C数码，运动户外。

一、二线城市更偏好爱美妆，本地生活；三线及以下城市更偏爱女装，汽车。

想一想

为什么入驻直播平台的门槛那么低？

2. 淘宝直播平台的优势

各路达人和商家纷纷入驻淘宝直播平台，使该平台的竞争变得非常激烈，那么，淘宝直播平台到底具有怎样的优势与魅力，才能受到这么多人的青睐呢？

首先，淘宝直播是商家售卖产品的辅助工具，它的目的是为平台带来额外流量，从而提升商家的产品销量。淘宝直播具有以下优势：

（1）即时性。淘宝直播的信息传达是面对面的，因此，只要主播引导得当，那么对直播期间获得的流量转化的效果是相对不错的。

（2）超强互动性。淘宝里的主播相当于线下导购的角色，主播可以通过淘宝直播平台解答用户的各类疑问，从而提升线下门店的转化率。

（3）获取渠道多。只要有无线网，智能手机、平板电脑、台式电脑都能在线收看淘宝直播的内容。

（4）直播品类多，受众广泛。在淘宝直播里，商品种类很多，既有服装饰品，又有家用百货，可谓是"应有尽有"，因此，淘宝直播的受众是很广泛的。

3. 淘宝直播规则及入驻流程

因为淘宝平台对淘宝直播越来越重视，这也就让很多卖家也必须要花费更多的时间和精力在淘宝直播上面，而做好淘宝直播的前提就是要了解该平台的管理规则，学会预防违规的方法。具体直播规则如下：

第一条 【适用范围】适用于在淘宝直播平台发布内容的所有用户，包括主播和互动参与用户（统称为"用户"）。

第二条 【效力级别】本规则是《阿里创作平台管理规则》的有效补充，本规则有特殊规定的，根据本规则执行。

第三条 【准入】

（一）达人主播

1.已入驻阿里创作平台成为达人，且账户状态正常；

2.具备一定的主播素质和能力。

（二）商家主播

1.淘宝网卖家或天猫商家，且店铺状态正常；

2.具有一定的微淘粉丝量、客户运营能力和主播素质；

3.除企业店铺外的其他淘宝网卖家，还须符合：

（1）店铺信用等级为1钻及以上；

（2）主营类目在线商品数≥5，且近30天店铺销量≥3，且近90天店铺成交金额≥1000元；

（3）符合《淘宝网营销活动规范》；

（4）本自然年度内不存在出售假冒商品违规的行为；

（5）本自然年度内未因发布违禁信息或假冒材质成份的严重违规行为扣分满6分及以上。

4.对商家准入有特殊要求的，依据另行制定的准入要求执行。

（三）互动参与用户

所有完成实名认证的淘宝用户均可参与直播互动。

第四条 【信息发布】

（一）不得发布危害信息，如敏感信息、淫秽色情信息等；

（二）不得发布不实信息，如不实宣传、虚假中奖信息、所推广商品信息与实际信息不一致等；

（三）不得伪造活动信息；

（四）不得发布垃圾广告；

（五）不得发布淘宝直播平台不允许发布的信息。

第五条 【行为规范】

（一）主播

1.不得违规推广，如推广的商品涉嫌出售假冒商品、主播违反阿里巴巴平台相关推广规则等；

2.不得存在易导致交易风险的行为，如引导用户进行线下交易、发布外部网站的商品或信息等；

3.不得侵犯他人权益，如泄露他人信息、不当使用他人权利、骚扰他人等；

4.不得扰乱平台秩序，如进行造假或作弊、提供虚假信息等；

5.不得违背承诺；

6.直播信息不得与入驻信息不符；

7.不得违反淘宝直播平台主播要求。

（二）互动参与用户

1.不得侵犯他人权益，如泄露他人信息、不得使用他人权利、骚扰他人等；

2.不得扰乱平台秩序。

第六条 【违规处理】

（一）主播：违反本规则，淘宝直播平台可采取警告并下线直播、删除直播内容、冻结直播权限、清退账户等措施。

（二）互动参与用户：违反本规则，淘宝直播平台可采取删除违规信息、暂停淘宝直播评论功能、关闭淘宝直播评论功能等措施。

具体违规内容及对应违规处理措施详见违规处理一览表。

第七条 【清退】主播如出现以下任一情形，将被阿里创作平台清退：

（一）不再符合本规则第三条准入条件；

（二）存在违规处理一览表中被清退情形；

（三）违反国家法律规定。

第八条 【清退再入驻】

（一）因第七条第（一）项被清退的，可重新申请入驻；

（二）因第七条第（二）项被清退的，依据违规处理一览表中的规定执行；

（三）因第七条第（三）项被清退的，不允许再入驻。

◆◆◆ 做中学

小组分工合作，调查当地知名的文化传媒公司，了解这些公司通常选择哪种平台进行入驻。请将调查所获得的数据制作成饼图。

淘宝直播入驻流程具体如下：

有以下几种身份和淘宝直播平台合作，直播合作均为免费，不收取任何费用。想要加入淘宝直播，请您根据个人身份选择：

个人主播（含商家）：个人身份的入驻合作。

想要申请入驻淘宝主播时，首先打开手机淘宝；打开淘宝首页后向下滑动，找到"淘宝直播"并点击；打开"淘宝直播"界面后点击右上角的"…"图标；打开"功能直达"界面后点击"主播入驻"；打开"主播入驻"界面后，首先填写基本信息，然后向下滑动页面；接着添加照片和生活视频，编辑完成后点击"提交申请"按钮。

UGC直播机构：直播行业下机构工会的合作。

PGC直播栏目：IP化直播栏目类型的合作。

◆◆◆ 做中学

试着采用个人身份在直播平台开设自己的账号。

二、快手直播：简单直接，乡镇为主

依靠短视频发展起来的快手，在拥有了大量的用户群体后，又找到了新的发展方向：将互联网电商和互联网直播两个行业聚合到一起，通过不断优化，慢慢走上了直播电商的路。

与淘宝、京东合作后，在过去的一年里，快手直播平台有接近1600万个主播直播带货并从中获利，比如快手达人"散打哥"，在快手直播时，同时在线人数突破100

万，3个小时成交5000万元的销售额，一天带货1.6亿元。

1. 快手直播的用户画像分析

快手直播"出世"的时间比淘宝直播要早些，大概是在2017年年初，这背后的主要原因是快手对直播板块没有进行过多的上线测试，直接推出并帮助达人变现。所以，大家会发现，在快手做直播带货的达人，货卖得好的就那么几个，且大部分是在平台的扶持下火起来的，即靠的是平台提供的流量。在快手做直播，流程较为简单，比如想做垂直内容的直播，那么就先养号，等用户到了5000人，接着开直播，开通"快手小店"，开始销售低廉单价的产品（价格在几十元左右的产品），然后再通过一些引流手段引导用户关注微信个人号，再进一步转化。

快手大数据研究院在2019年发布了《2019快手内容生态报告》，该报告中显示：截至2019年6月，快手的日活跃人数达到2亿，月活跃人数达到4亿。在这些活跃群体中，80%的用户是来自三、四线以下城市、高中学历以下的用户。

快手的用户所在地更加下沉——以乡镇为主。观看快手直播时我们会发现以农村题材、乡镇生活题材等反映社会真实生活的内容居多。

🔍 **议一议**

为什么快手用户发布的内容大多数以乡镇生活题材的内容为主？

2. 快手直播平台的优势

尽管快手直播的内容品质较低，但是对于相应的用户群体来说，其平台还是具有一定优势，具体有以下几点：

（1）"普惠式"算法。快手创建之初，其团队就一直秉承着"内容公平分发以及让每一个普通人都能被看见"这样的初衷，有很多快手达人反映，在其他平台上建立自己的用户流量池时，都没有快手上那种"用户是自己的"体验，获得有效沉淀和数据提升的机会较少。

这种现象的产生其实与快手的"普惠式"算法有关，这种算法给很多电商商家或个人提供了更大的流量与算法支持，不会让任何一个直播石沉大海。正是因为快手内容分发的算法逻辑和整体运营的思路，达人在快手直播平台上直播时才拥有了超强的带货能力。

🔍 **查一查**

上网收集"普惠式"算法的含义。

（2）巨大的日活用户数量。据《2019快手内容生态报告》中显示，截至2019年6月，快手的日活跃人数达到2亿，DAU（日活跃用户数量）较2017年相比，上涨了1亿。

在快手上，用户最爱购买的产品类目为美妆、农副产品、男女服饰、健身用品等。比如2018年丑苹果在快手上的销售额为3亿元，柿饼的销售额为2.7亿元，软籽石榴的销售额为3.3亿元。由此可见，快手直播平台上巨大的日活用户数量，可以为商家或个人提供流量支持，帮助这些商家或个人有效触达自己的目标用户。

（3）"铁杆经济"的内容信任。很多人将快手火爆的原因归结于"铁杆经济"，之所以这样取名，是因为很多人都觉得快手上的主播像一位"老朋友"，虽然以前彼此不认识，但听其聊了几句后，就会觉得很亲切，如果对有些内容感到喜欢与好奇，用户就会愿意继续听下去。

快手是一个能将陌生人转变为老朋友的直播平台，主播们基于这种"铁杆经济"建立与用户之间的信任关系，其带货的转化率自然会提升。

议一议

直播是从何时进入你的生活当中？它对你的影响大吗？

3.快手直播规则及入驻流程

（1）直播规则。

用户在使用视频直播服务时，必须向快手提供准确的用户个人资料，如用户提供资料不实，快手有权拒绝提供视频直播服务；如用户个人资料有任何变动，必须及时更新并通知快手进行审核。如因用户提供的个人资料等不实而造成任何损失，由用户自己承担全部责任和损失。

用户不得将其账号、密码转让或出借给他人使用。如因黑客行为或用户的保管疏忽导致账号、密码遭他人非法盗取、使用或遭受损失，快手不承担任何责任；如给快手造成损害，则用户应予赔偿。

用户同意快手有权在提供视频直播服务过程中以各种方式投放商业性广告、非商业性广告、其他任何类型的商业信息和非商业信息，用户必须予以配合，且快手无需要支付任何对价，但应尽量减小给用户造成的影响。

用户在使用视频直播服务过程中有任何不当行为，或违反法律法规和快手的相关运营规则，或侵犯第三方合法权益，都由用户自行承担相应责任，快手无需要承担任何责任。如因用户的行为而给快手造成损害的，用户应予赔偿。

用户不得使用直播功能发送或传播敏感信息和违反国家法律制度的信息。用户在使用直播服务过程中，必须遵循以下原则：

①遵守中国有关的法律和法规；

②不得为任何非法目的而使用直播服务；

③遵守所有与网络服务、直播服务有关的协议、规定和程序；

④不得利用直播服务系统进行任何可能对互联网的正常运转造成不利影响的行为；

⑤不得利用直播服务传输任何骚扰性的、中伤他人的、辱骂性的、恐吓性的、庸俗淫秽的或其他任何非法的信息资料；

⑥不得利用直播服务系统进行任何不利于快手科技发展有限公司的行为。

详细规则查询路径请上快手平台查阅。

（2）如何开通快手直播功能。

①快手App主页左上角点击［菜单－设置－开通直播］；

②进入申请直播权限页面，按照页面提示，满足快手直播开放规则，即可开通快手直播功能。

三、抖音直播：流量大，长尾效应大

抖音的带货能力是大家有目共睹的，薄饼锅、妖娆花音箱、手表遥控、奶油拍脸机、小猪佩奇三件套等一大批"网红"商品在抖音的带动下，掀起了用户的购买热潮。而伴随着2018年抖音购物车功能的正式开通和抖音购物联盟的强势推出，用户在抖音平台购物也变得更为简单、便捷。

或许正是瞄准了抖音强大的变现能力，如今，无数的品牌商家纷纷在抖音这个巨大的能量池中开通了"电商"功能。这也预示着，抖音直播电商时代已经到来，通过电商变现正成为抖音流量变现的最好方式之一。

1. 抖音直播的用户画像分析

2020年2月11日，抖音发起了"线上不打烊"的活动，在抖音3亿流量的扶持下，不少线下商城、普通门店、销售人员纷纷加入抖音直播平台。比如南京弘阳商业广场与株洲王府井百货先后在抖音上进行直播带货，通过抖音平台，南京弘阳商业广场的两场直播的销售额分别为8万元和75万元，而株洲王府井百货更是在抖音直播取得了240万元的销售成绩。除了商家，个人主播的带货数据表现也很亮眼，比如抖音主播"韩饭饭"在直播间带货美妆产品，7天的总销售额达到622.1万元。事实上，同为短视频平台，抖音的用户群体和快手的用户群体不同，抖音的用户群体主要集中在

一二线城市，用户文化程度在大专学历以上，以女性偏多。并且，抖音的内容设计及呈现方式更高端，专注城市品质生活。

想一想

当你在手机上跟朋友随口一提的某事物，手机就会给你推送相应的直播或者视频，面对如此精准的大数据，对此你有什么看法？

2. 抖音直播平台的优势

自从2017年抖音开通直播功能后，抖音上就出现了很多"抖商"（即依靠抖音赚钱的人），很多"抖商"通过自己的精心运营，也获得了巨大的收益。在众多直播平台的竞争下，抖音直播也并没有丧失其流量地位，这是因为对于很多商家或个人而言，抖音直播平台具有很大的带货优势。

3. 投入成本低

商家或个人在抖音平台上直播带货的门槛较低，无须投入大量资金。只要其开通带货权限后，就可以在直播间里添加商品，这个功能和淘宝直播相同，用户只需要点击直播间里的购物袋，就可以查看抖音主播带货的商品。

4. 流量大，长尾效应大

虽然淘宝和快手平台的用户流量也很大，但就目前来看，和抖音相比还是稍逊一筹。与传统的直播相比，抖音直播并没有采取某些运作"套路"，如支持主播依靠用户刷礼物来上榜的模式，抖音认为：这会使得主播和用户都很疲惫，失去直播互动原本的意义。在这个模式下，主播只会和付费观众互动，其他用户会失去存在感。

抖音直播带货的模式是通过建立用户对达人魅力的认可，来进行带货，因此，抖音直播带货是在内容之上衍生出来的购物需求，既有商业化性质也有社交化性质，这种模式对于用户而言，是一种相对等的沟通方式，对于利用抖音直播带货的商家而言，直播的长尾效应也会更大。

议一议

分小组讨论，抖音直播与快手直播相比，哪一个平台更受用户的喜爱，并说明理由。

5. 抖音直播规则及入驻流程

（1）直播规则。为加强平台直播内容的管理，平台制定《抖音直播行为规范》

（以下简称"《规范》"）对主播在直播中的行为进行规范，给抖音用户提供一个绿色、健康、文明、积极向上的直播及互动环境。主播开展直播活动除应遵守相关法律法规、部门规章制度的规定以及《"抖音短视频"用户服务协议》《抖音短视频直播主播签约协议》的约定外，还应当遵守《规范》及平台公布的其他相关规则，《规范》为《抖音短视频直播主播签约协议》组成部分。

①总则。主播开展直播活动必须遵守《规范》，如主播发生违规行为，平台有权视情节严重程度，根据本《规范》列明的违规行为及其相应违规等级对主播实施相应的处罚。

②规范要求以及相应处罚。平台依据主播违规行为严重程度，将其违规行为划分为三个等级，并对应三个级别的处罚措施。

③一级（严重违规）。反对宪法所规定的基本原则的；危害国家安全，泄露国家秘密，颠覆国家政权，破坏国家统一的、出现涉军事秘密和军警制服类信息，或穿着国家公职人员制服直播的。

损害国家荣誉和利益的，或调侃革命英烈、革命历史；煽动民族仇恨、民族歧视，破坏民族团结的；破坏国家宗教政策，宣扬邪教和封建迷信的；散布谣言，扰乱社会秩序，破坏社会稳定的、妄议国家大政方针、炒作社会敏感话题的；

散布淫秽、色情、赌博、暴力、凶杀、恐怖或教唆犯罪的，包括但不限于：

A.血腥暴力内容，虐待小动物等，捕杀国家保护动物；

B.与赌博或涉嫌赌博有关的任何活动，以及宣传赌博网站；

C.危害自己或他人安全，包括：血腥自虐、自残、自杀、殴打他人、威胁他人生命安全；

D.展示管制刀具、枪支（包括仿真枪）、毒品等违禁物品，表演或介绍吸毒过程、违禁物品制作过程与方法；

侮辱或诽谤他人，侵害他人合法权益的；

含有法律、行政法规禁止的其他内容的、组织、宣传、诱导用户加入传销（或有传销嫌疑）机构的；

未成年人直播、冒充官方、非本人实名认证开播。

对于发生一级违规的主播，平台将永久封禁主播账号或永久封禁开播，并保存相关违法违规资料。

④二级（中等违规）。

直播内容带有性暗示、性挑逗、低俗趣味的行为，包括但不限于：

A.刻意抖胸、挤胸、抚摸敏感部位、下蹲抚摸大腿、模仿性交姿势等低俗诱惑动作；

B.展示或使用类似性器官物体进行低俗互动；

C.涉及敏感部位的低俗游戏类游戏，如隔空取罩、高山流水、背人上楼等；

D.口述色情行为、模拟色情声音、传播低俗段子；

E.镜头长时间聚焦敏感部位；

F.演唱、播放带有色情、性暗示的音乐及伴奏。

直播内容荒诞惊悚、影响社会和谐，包括但不限于：

A.制造、传播鬼怪等灵异猎奇行为，如开棺、盗墓、墓地探险等；

B.生吃活物、腐肉、吞异物等惊悚表演；

C.直播斗殴等影响社会和谐的内容。

直播中公开募捐，或直播私下慈善行为；

展示千术、赌术；

展示行医行为、销售药品等任何关于医疗的直播；

直播未经授权的、未备案或含有低俗暴力内容的影视剧、电视节目、电台节目、游戏；

直播宣扬伪科学、违反公序良俗的内容。

直播中进行侵害或涉嫌侵害他人合法权益的行为，包括但不限于：

A.泄露他人隐私或个人资料，转播给他人造成损害的不实报道；

B.讨论他人是非或鼓动用户讨论他人是非、挑起事端；

C.诋毁、谩骂他人等攻击性行为。

对于发生二级违规的主播，平台将根据违规情节给予警告、断流或封禁开播权限（1天到永久不等）等处罚。

⑤三级（一般违规）。

着装暴露低俗、妆容不雅、语言低俗包括但不限于：

A.男性赤裸上身直播；

B.女性胸部、背部、大腿裸露过多，或穿着诱惑性制服、透视装、不雅服饰等，或裹浴巾直播；

C.衣衫不整、裸露内衣裤、内衣肩带等；

D.在身体各部位画低俗图像、写低俗色情文字，大面积裸露文身。

在直播中进行开车、抽烟、喝酒等危害生命健康的行为；

恶意发布广告，展示联系方式或以任何形式导流用户私下交易；

直播攀岩、跳伞、口吞宝剑等危险行为；

直播间图片、文字、昵称、头像、背景等含有违规内容，包括但不限于：

A.低俗色情、血腥暴力内容；

B.侵犯版权、广告等其他违规内容；

投资类直播，如讲解或引导投资房地产、股票、基金等；

直播中存在长期静态挂机、播放个人或他人直播视频回放等行为。

对于发生三级违规的主播，平台将根据违规情节给予警告、断流或封禁开播权限（1天到一周不等）等处罚。

⑥附则。

除非《规范》另有约定，《规范》中用语与《抖音短视频直播主播签约协议》具有相同含义。

用户同意，在具体违规行为对应的处罚区间内，平台有权视违规具体情形及平台管理需要确定具体处罚结果；如用户二次（含二次）以上违规的，构成加重处罚情形，平台有权提高违规级别、按照更高级违规处罚方式进行处罚。

平台有权在必要时单方修改《规范》内容，相关内容变更后，如果主播继续开展直播行为，即视为主播已接受修改后的相关内容。如果主播不接受修改后的相关内容，应当停止直播行为。

抖音直播封面标准。请仔细阅读以下封面标准，若封面低质不达标请前往个人开播页更换封面。注意：低质、违规封面不可上推荐，甚至有可能使你的直播间被隐藏。

A.优质封面。

a.颜值主播。照片需要露脸，且画质清晰，无杂乱背景。

b.才艺主播。明确表明才艺内容，使用表演才艺的照片最佳。手工、绘画、萌宠直播等不要求本人出镜，可使用作品照片，但照片务必清晰、背景不杂乱。

B.低质封面。

a.使用非本人照片或与直播内容无关的图片，如明星、风景、卡通形象等。

b.着装过于暴露，动作低俗不雅，抽烟喝酒。照片像素低不清晰、有拼图、自拍贴纸、马赛克、文字、广告（相机logo）、二维码、黑边、白边等。

（2）入驻流程。打开抖音官方平台，点击直播机构入驻；点击注册账号，首次需要注册账号；点击下一步，一键申请；提交你的企业营业执照及手持身份证照片；提交之后，等待抖音官方审核就可以了。

❖ 做中学

小组深入展开调查，询问身边在直播平台的主播，了解审核直播内容的流程和遇见违规事项的处理方法。

任务三　如何挑选适合自己的直播平台

▶ 问题引入

如果即将步入直播行业，那么门槛的第一步就是选择一个适合自己的直播平台，众观全网，各种平台数不胜数，作为一个新人主播一定要选择合适的平台，才能谋求以后长远的发展。那么究竟该如何挑选适合自己的直播平台呢？

要说2020年哪个行业最赚钱，直播带货无疑是当下最大的风口。无论是企业CEO还是明星，纷纷开始直播带货。同时，各大平台也加速布局直播电商、社会资本也在跃跃欲试。这对于普通人来讲的确是一次巨大的机会。不过面对众多直播平台，如何选择适合自己的平台异常关键。

一、选品和供应链

从选品和供应链角度看，抖音上非标品更好卖，产地直销占比高；快手上日用百货占比高。

抖音上适合带货品类主要包括服装、日化、食品饮料这三大类，这些产品一般都属于冲动消费品、时尚消费品、大众消费品，产品基本上都是店铺上新和产地直销。

快手主要以食品饮料、美妆日化类、文玩用品为主，适合带货品类属于大众消费品、性价比产品、产地直销、新奇特品类。

根据第三方数据统计，抖音热销直播商品电商渠道90%都来自淘宝，京东和抖音小店占据10%。而快手直播商品电商渠道淘宝仅占到4%，快手和有赞分别占到46%、40%，其余10%来自魔筷。

所以在选择直播平台之前要先考虑清楚自己的选品和供应链。

🔍 议一议

如果你即将进入直播平台，你会选择哪一品类进行试播？

二、多角度综合评估直播平台

选择直播平台要从平台属性、流量来源、带货主播属性、商品属性、带货模式、分佣模式以及平台隐藏的机会点等角度综合评估。

按平台属性来看，淘宝、京东、拼多多、唯品会等属于电商平台，这类平台的共同点是拥有成熟的内容矩阵和庞大的用户基础，属于公域流量。淘宝直播起步最早，头部主播高度集中，代表主播有李佳琦等。京东直播和拼多多直播属于后起之秀，目前还没有代表头号主播和MCN机构。

🔍 查一查

上网查找MCN机构的相关信息。

从带货属性来看，淘宝体系内全品类，主要靠头号达人出货价格200~500元。京东电商全品类，依靠孵化超级红人+推荐，优质产品。目前，淘宝直播采用商家直播和达人导购的带货模式，京东直播主要为超级网红提供优质商品。

以抖音快手等为代表的短视频平台，属于社交+内容性质。其中快手流量偏私域，快手打造的"老铁文化"使得一大批达人品牌崛起，官方一直出台一系列政策扶持产业带直播，目前已经拥有大量头部主播，其中以散打哥及辛有志严选为代表，带货商品以百元内低价商品为主。带货模式以达人直播、打榜、连麦等为主。

作为直播带货起步稍晚的抖音，流量偏公域化，目前直播流量和淘宝、快手比较相对较少，缺少头号带货主播，不过罗永浩签约抖音之后，也是抖音加速直播带货的重要信号。抖音目前带货商品以美妆+服装百货占比最高，商品价格集中0~200元的品牌货，有调性，非常符合抖音年轻化人群。抖音带货模式以短视频上热门+直播带货、种草转化—内容为主。

目前，直播带货行业主流分润模式以坑位+佣金为主，佣金一般在10%~20%左右，坑位费根据红人等级而有所不同。据说李佳琦目前的坑位费在20万元左右，老罗抖音直播首秀据说坑位费高达60W。当然，对于大多数腰部和尾部直播，一般坑位费也就在几万元到几千元之间。

此外，腾讯也在加速布局直播电商，对于很多企业和商家也是一个选择的机会。目前腾讯依靠微信生态有三类直播带货入口，分别为腾讯看点直播、小程序官方直播插件（正在公测中）以及第三方直播小程序统，分别满足不同类型的直播商户。

与其他直播带货平台不同的是，微信直播具备三大天然优势。

优势一：流量属于商家。微信作为最大的社交平台，拥有超过11亿日活用户。因此商家可以向特定人群进行直播带货。

优势二：运营门槛低。商家一天就可以快速掌握平台规则，完善后台基础服务。

优势三：互动性强、转化率高。微信本身属于强社交属性，商家借助微信直播，结合订阅消息、公众号、视频号、微信群、微信支付等构成一个完整的消费闭环，其用户黏性和转化率远高于其他平台。

除了以上这些平台，百度、小红书、微博等互联网平台也开始进入直播电商赛道，无论是对于企业还是创业者，都是一次值得尝试的机会。

做中学

根据自身情况，分析自己适合哪个直播平台？并写一份入驻计划书。

任务四　了解直播变现的方式

▶▶ 问题引入

很多人入驻直播平台，最初只是觉得有趣，但并不了解通过直播还可以实现商业变现。历经多年的发展与改进，直播的变现模式逐渐清晰、多元化。那么，直播变现是如何变现的呢？

历经15年的发展，直播的变现模式逐渐清晰、多元化，在初创期，直播平台的内容以及变现模式都较为单一，变现依靠用户打赏分成，而在成长期，导购分成为代表的增值业务、广告业务、游戏联运等业务也逐渐壮大。

1. 带货模式

主播通过视频直播展示和介绍商品，让卖货可以不受时间和空间的限制，并且可以让用户更直地观看到和体验到产品。用户看直播时可直接挑选购买商品，直播间可以就此获得盈利。

2. 企业宣传

由直播平台提供技术支持和营销服务支持，企业可通过直播平台进行如发布会直播、招商会直播、展会直播、新品发售直播等多元化直播服务，打造专属的品牌直播间，助力企业宣传实现传统媒体无法实现的互动性、真实性、及时性。

🔍 议一议

企业以直播的形式发布产品，这对企业有何助力？

3. 打赏模式

观众付费充值买礼物送给主播，平台将礼物转化成虚拟币，主播对虚拟币提现。如果主播隶属于某个公会，则由工会和直播平台统一结算，主播与工会再结算。这是最常见的直播类产品盈利模式。

4. 承接广告

当主播拥有一定的名气之后，商家会委托主播对他们的产品进行宣传，主播收取一定的推广费用。在直播中可以通过带货、产品体验、产品测评、工厂参观、实地探店等形式满足广告主的宣传需求。

5. 内容付费

一对一直播、私密直播、在线教育等付费模式的直播，粉丝通过购买"门票"等方式方可有权限进入直播间观看。但是付费直播对内容质量要求较高，有好内容才可有效地留住粉丝，并且持续靠内容盈利。

以上提到的直播间盈利方式最为直接，而且除了以上5种变现方式，还可以联合举办线上线下活动、广告引流、版权发行等其他方式。

技能训练

小组合作开展训练，完成以下任务。

（一）选择某一热门主播，从以下几个问题分析他的直播

1. 分析此主播直播时的特点。

2. 猜想此主播为什么选择入驻此平台？

3. 分析如此选品的原因？

（二）分析完后，初步计算该主播此次直播商业变现的金额

（三）查找是否有其他直播变现的方式

（四）老师点评

_____

_____

_____

项目三
直播带货策划

📖 学习目标

- 能够说出直播带货策划流程
- 熟悉直播室搭建技巧
- 熟悉主播人设与账号的建设方式、方法
- 熟悉直播内容策划方式、方法

》导语

现在几乎所有的品牌、商家、创业者都在探索直播带货之路，但是大多数人的直播之路走得并不顺畅。一场成功的直播，需要前期充分的准备和策划，才能在长达4~6小时的直播时间里有序进行。因此，掌握直播带货必备的心态、搭建合适的直播间、作出有效的时间规划、精心打造主播人设与账号、打造主播的形象与能力、提升主播的内在修养、设计好主播的直播名片、策划粉丝喜欢的直播内容、挖掘粉丝画像、提供有特色的直播内容及策划直播脚本都是非常重要的。

任务一　直播带货的必备心态

>> 问题引入

　　面对镜头，表现力欠佳，在直播过程中与粉丝互动不自然；对于直播的产品介绍逻辑混乱，产品展现效果差，达不到良好的出单效果；直播时各个环节衔接生硬，不顺畅，无法执行直播间的活动介绍及促单循环；主播互动能力差，无法维持直播间氛围以及粉丝粘性；那么一个优秀的直播带货主播应该具备哪些心态呢？

　　直播就像一阵疾风，乘风者顺势而上，一有疏忽便可能粉身碎骨，因此，把握风向，放平心态非常重要。

　　良好的心态对于直播带货究竟有多重要呢？或许，我们可以从下面这段话中找到答案："人与人之间只有很小的差异，但是这种很小的差异却造成了巨大的差异！很小的差异体现在一个人所具备的心态是积极的还是消极的，巨大的差异体现在结果是成功的还是失败的。"

　　作为一个充满挑战也充满无限可能的行业，直播行业的门槛其实并不高，但若想在这个行业中做出成绩，成为头部主播，除了要做到"努力到无能为力，拼搏到感动自己"的程度外，还需要拥有良好的心态，不惧失败、敢于奋斗、行动果决。当然，这并不是说拥有了良好心态的主播就一定能成为头部主播，但可以说心态不好的主播必定无法成为头部主播。

　　在现实生活中，凡是那些最终能在直播带货的道路上走得长远的主播，往往都具有非常好的心态。因此，在加入直播带货队伍之前，主播一定要调整好自己的心态，因为心态的好坏，往往决定了直播效果的好坏。公司在招募新主播时，也把心态的好坏作为重要的衡量标准之一。

　　总之，良好的心态是直播成功的基石，不同的心态，决定了不同的直播结果。如果你想在直播的世界里纵横驰骋，成为像李佳琦一样令人艳羡的头部主播，那么从现在开始，你就应该尽力消除和摆脱消极情绪，摆正心态。

　　拥有两种必备心态，直播才可以更精彩。

　　具体来说，在开始直播前，带货主播应该具备以下两种心态。

1. 勤奋肯吃苦

如今,我们只羡慕那些带货能力强、在镜头前光鲜亮丽的头部主播,却并没有看到他们为了准备一场直播所付出的汗水与努力。应该说,所有的头部主播,其实都是一步步苦过来的。如今,我们再去回看那些带货能力超强的头部主播们最早期的直播视频,便会发现,他们中的许多人在最初的时候,可能连续直播十个小时,也只有两三百人观看,这种辛酸只有经历过的人才能了解,如果主播不能吃苦,是根本坚持不下来的。

在竞争异常激烈的今天,即便是他们已经取得了一些成绩,往往也不敢松懈下来,而是选择一如既往地勤奋努力。

所以,如果你打算进军直播行业,并且准备借直播带货大干一场,那么,你要做的第一个心态准备,就是勤奋肯吃苦。

2. 自信

在销售界有这样一句名言:"世界上没有卖不出去的产品,只有卖不出去产品的人。"从本质上来说,直播带货也是销售的一种,而要想通过直播成功把产品卖出去,自信是主播必不可少的一个心态。

人们常说:"一流的销售卖自己,二流的销售卖服务,三流的销售卖产品,四流的销售卖价格。"虽然直播带货能够取得成功的一个重要因素便是它能够提供物美价廉的商品,但一个能带货的头部主播,凭借的绝不仅仅是实惠的价格、优质的产品,还有自信的心态。

一个自信的带货主播,在直播的过程中,往往能够更好地把握直播的进程和节奏,并通过自身散发出来的魅力来打动用户,让用户对价格、产品和品牌产生信赖,引导用户下单。而一个缺乏自信的主播,则会把这种不自信间接地传染给用户,让用户对产品、对价格甚至是对主播本身产生怀疑,这样的主播,带货能力又从何而来呢?

稻盛和夫曾经说过:"改变你的心态,你人生的色彩才可以绚烂夺目。"把这句话运用到直播行业中,则应该变为:"调整你的心态,你的直播才可以更精彩。"都说"相由心生、境随心转",一个人的行动和心态,决定了他的精神面貌,而一个人的精神面貌又决定了他的工作状态。对于直播带货而言,这一点尤为重要。

所以,在正式踏进直播间之前,作为直播新人的你,不妨认真问一下自己:我足够勤奋吗?我愿意吃苦吗?我充满自信吗?

议一议

你认为直播带货最应该具备的心态是什么?

任务二 直播间搭建的技巧

▶▶ 问题引入

每当进入一些大型直播间时,无论是观感还是效果都会让人感到十分舒适,购物体验感也良好,这些直播间是如何做到这样的呢?一个优秀的直播间又该如何搭建呢?

当用户点击进入直播间时,直播间的整体搭建决定了他们的第一印象。直播间的搭建和直播设备,对直播间的观感和直播效果有着至关重要的影响。

直播间搭建大致可以分为两个方面:

一是直播间环境。直播环境,顾名思义,就是指主播在直播时所处的环境。这个环境最好是一处独立、安静的空间,面积足够即可,不建议在周边存在噪音干扰的地方直播。

二是直播时的硬件设备。刚开始接触直播时,设备不用太过复杂,只需要一台用于直播的手机(像素尚可、保持电量充足),一个手机支架(保证手机画面稳定、不抖动),打光设备(室内顶灯、射灯如果亮度足够即可,如果不够的话可以买一个"网红补光灯"),耳机和麦克风。

有这些设备,对于一个新手主播来说,已基本够用。

1. 摄像设备

(1)手机端和电脑端。手机直播,是较为简单的一种方式,只需要用手机登录直播后台,进入直播程序,保证信号通畅即可。电脑直播,需连接摄像头,并通过推流软件实现在线直播的效果。

目前,90%以上的高质量直播间,都是通过电脑直播完成的。如果想拥有更好的画面效果,则需要准备一台摄影机。

直播间摄像的设备要保证高清、平稳、低延迟,这样才能在直播时呈现较完美的画面(如图3-1所示)。

(2)设备配置。如果不懂组装电脑,购买品牌笔记本电脑就可以了。配置要求:CPU i5以上,最好是i7,内存8G、独立显卡和声卡,对于硬盘空间大小则没有太多要求。

图3-1

（3）设备支架。手机支架的种类非常多，有多个机位（手机 声卡 麦克风 补光灯）一体的，也有分开独立的，还有落地和台式的等。主播可以根据自己的需求选择，重点考虑的是稳定性、不占用过多空间。

2. 收录声音设备

（1）话筒。麦克风主要分为两种：电容麦、动圈麦。我们不需要详细区分两者区别，只需要记住：室内用电容麦；室外用动圈麦，就直播K歌而言，1000元以内的电容麦完全够用。此外，要注意买心形指向性的电容麦。这种电容麦它只收心形所指方向的声音，会屏蔽其他方向的声音，这样就减少了其他方向噪音的影响。

◆ **知识补充**

电容式话筒是利用电容大小的变化，将声音信号转化为电信号。这种话筒最为普遍，常见的录音机内置话筒就这种。因为它便宜，体积小巧，而且效果也不差，有时也叫咪头。

（2）声卡。直播间最常用到的就是直播声卡，连接手机之后，我们可以直接在声卡上调试各种效果。同时，你还可以链接另一个播放音乐伴奏的设备，手机电脑均可。

链接外部播放设备，如果条件允许，优先选择电脑：电脑更方便你查看，提前准备的文字、提示性内容；电脑可以安装声音调节软件，功能会更强大；电脑还可以加载声效软件（像我们在直播间经常听到的鼓掌声、大笑声，都是来自这些声效软件）。现在很多娱乐直播间做得像综艺直播现场一样，主要就是声效软件发挥了作用。

🔍 **议一议**

直播中添加这些特效有什么作用？

3. 灯光布置

一套完整的基础灯光设备，一般是由环境灯、主灯、补光灯和辅助背景灯组成。

4. 环境搭建

（1）背景。直播间最好选择浅色、纯色背景墙，以简洁、大方、明亮为基础打造，不要太过花哨。在抖音直播间多以灰色系为主，灰色系比较简约，同时灰色是一个中立色，它可以和任何色彩搭配。此外，灰色是摄像头最适合的背景色，不会过度曝光，视觉舒适，有利于突出服装、妆容或者产品的颜色。

（2）货架。服饰类直播间内可以摆放衣架或者衣柜，衣服要摆放整齐。美妆类直播间则可以摆放陈列货架。以李佳琦直播间为例，他的直播间有时会有放置口红的背景陈列货架，虽然上面口红众多，但在陈列上，一定是分类整齐摆放的。

🔍 **想一想**

美食类的直播该如何摆放物品的位置？

（3）地面。有条件的主播，可以在直播间铺设吸音毯，来降低直播混响。

对于带货的主播来说，直播间地面可以选择浅色系地毯、木地板，在美妆、服饰、美食、珠宝等展示时都能用。

任务三　做好直播的时间规划

问题引入

很多主播播了很长一段时间后,发现直播效果仍然不好。主要原因是主播直播时太过随性,直播时间没有规律性,也没有做好直播内容的规划。那么如何才能做好直播规划呢?

互联网时代下,流量为王!对于带货主播来说,流量才是最重要的。尤其是新人主播,一定要勤奋、卖力地直播,把自己的产品和性价比展现出来,让用户留在你的直播间,并且慢慢地把他们变成你直播间的固定粉丝,这样就算初步成功了。在直播时间节点安排上,带货主播也要格外注意,安排妥当的时间节点可以让用户更舒服,也能更好地带动用户转化率。

一、18:00~18:30暖场

直播刚开始的10分钟内,主要是和用户互动。主播做自我介绍、直播背景介绍,以及整场直播的产品、福利介绍,告知粉丝直播的活动主题与老粉丝们打招呼,也不忘对新关注的用户们表示谢意。另外,新主播们在刚开播时,要多向新进来的用户介绍自己。

议一议

暖场活动的技巧有哪些?小组一起交流讨论。

二、18:30~20:10产品介绍

主播做详细的产品介绍,背景中可以在白板上写出活动的优惠价、折扣、数量等,或者直播15~40分钟,主要表现才艺。和用户打好招呼后,直播间的粉丝就会开始不断地刷礼物,这时候为了表示感谢,唱歌或者跳舞都可以。但作为新主播,如果没有人给你刷礼物,也不能气馁,要坚持展示自己的才艺。否则,进入直播间的用户

一见死气沉沉、没有活力就会直接滑走。

三、20:10~20:20 终极产品介绍

直播40~60分钟，主要是互动。这个环节介绍最为重要的产品，如前3个用户下单可送小礼品、购买参与抽奖还可以利用这个时间段玩一些直播间的小游戏，例如，猜猜看、砸金蛋、成语接龙或来找茬等简单有趣的小游戏。主播可通过统一回复"×××"、截屏等方式让用户积极参与。互动与交流最能拉近与粉丝之间距离，也是了解粉丝需求的最佳方式。除了跟粉丝们简单打声招呼，感谢刷礼物外，在这个时段，主播可以通过小段子、热点话题激起用户的活跃度，不仅能够迅速带动直播间的氛围，还能够增加直播间的热度。

🔍 **想一想**

如果直播时观看的用户越来越少，有什么应急方法能够挽救这种局面？

四、20:20~20:45 直播结束

直播80~100分钟，经过刚刚的游戏时间，用户的热情都达到了一定的高度，这时新关注的用户比较多，主播告知用户直播结束，并强调品牌和自我调性；引导新用户关注主播、加入粉丝群等做好引流。最后，预告下次直播的时间、内容及福利等。让用户知道了解下一次的直播时间和内容，不仅可以留住忠实粉丝，还可以吸引大量新用户走进下次的主播间。

五、20:45~21:00 复盘

根据此次直播过程中遇到的问题，调整直播流程、话术、脚本等，优化不足。

🔍 **议一议**

直播后的复盘最重要的是复盘什么内容？

任务四　精心打造主播人设与账号

>> 问题引入

一个优秀的主播一定是有其独特的人格魅力。所谓的人格魅力就是来源于主播对自己的人设的定义，简单说就是粉丝对主播的外貌、穿衣打扮的固有形象，以及主播的性格上带给粉丝什么样的印象。简单来说，通过人物设定可以让自身的定位更加鲜明立体，让粉丝通过一个关键词或者一句话就记住主播！那么该如何打造主播人设与账号呢？

一、打造主播的形象与能力

1. 培养受人欢迎的语调

语调能反映出主播说话时的内心世界，情感和态度。当生气、惊愕、怀疑、激动时，所表现出的语调也不一样。从主播的语调中，网友可以感觉到她是一个诚实、自信、幽默、可亲可近的人，还是一个呆板保守、优柔寡断、好阿谀奉承或阴险狡猾的人。所以，无论主播谈论什么样的话题，都应保持说话的语调与所谈及的内容相协调，并能恰当地表明主播对某一话题的态度。

2. 注意发音的准确性

正确而恰当的发音，将有助于主播准确地表达自己的思想，与网友进行良好的沟通与交流。如果主播说话发音错误并且含糊不清，这表明这个主播思路紊乱、观点不清，或对某一话题态度冷淡，这会使网友感到极不自然，从而产生一种本能的抵制情绪。

3. 控制说话的音量

在聊天室大声说话，会使对方产生压迫感，心情紧张，神经容易疲劳，导致注意力不集中，降低交际效果。如果大声到"喧哗""吵闹"的地步，就更不明智了。

🔍 议一议

如果直播间中出现侮辱词语，这时主播该怎么处理这一紧急情况。

4. 注意聊天的语速

当主播在和网友交谈时，选择合适的语速十分重要。语速太快如同音调过高一样，给网友以紧张和焦虑之感。如果说话的语速太快，某些词语含糊不清，网友就无法听懂主播所说的内容。当然，如果语速太慢，又会令网友逐渐丧失耐心，有焦躁沉闷之感。正确的做法是，主播要努力保持恰当的语速，不要太快也不要太慢，并在说话时不断地调整。

5. 不要用鼻音说话

在视频聊天室中，经常会听到有些主播"嗯嗯嗯"的发音，这就是鼻音。如果主播说话时常常使用鼻音，肯定不会受到网友欢迎，因为主播的声音让人听起来似在抱怨，毫无生气，十分消极。如果主播想让自己所说的话更具吸引力和说服力，期望自己的语言更加富有魅力，那么从现在开始就别再使用鼻音。作为一名出色的主播，如果不注意培养自己的声音，就会让"凤凰"变"乌鸦"。所以从现在开始，要像训练形体一样去训练自己的声音。因为，充满魅力的声音能增加主播的自信和气质，在关键的时刻能改变自己的命运。

❖ 做中学

训练普通话，培养形象气质，小组内进行比赛，选出最具有主播气质的队员。

6. 巧赞美网友

赞美网友是一种技巧，更是一种力量。从社会心理学角度来说，赞美网友也是一种有效的沟通方式，能有效缩短主播和网友之间的心理距离。人人都渴望得到赞美，因此我们在直播过程中应学习和掌握好赞美他人这一人生智慧。

做主播要具备的能力有：

专业力、表达力、持久力、独特个人魅力、能吃苦、有自信。主播的工作职责是：

（1）熟悉各大直播平台规则；

（2）做好试播和时间规划；

（3）负责日常运营，实时关注直播行业动向，及时准确地研究、监控、分析各项数据，并提出相应对策；

（4）对接各厂商，直播平台。

🔍 **查一查**

查找直播运营与短视频运营的不同之处。

主播的任职要求是：

（1）为人正直，具备良好的沟通力、理解力、协调力及执行力；

（2）热爱互联网行业；

（3）有良好的文字功底和语言组织能力。

二、提升主播的内在修养

1. 技巧经验

技巧就是熟能生巧，经验就是智慧传承。技巧靠勤奋和交流。多抽时间播，多抽时间练，自己做过的吸收才最好。交流能够更快提升技巧，完善技巧，有机会多交流就多交流。与一个和自己一起成长的网络主播交流，与一个网络主播前辈交流。你不懂的还在摸索的问题，前辈一句话就会点醒你。

2. 学习的心态

学习是给自己补充能量，先有输入，才有输出。尤其在知识经济时代，知识更新的周期越来越短，只有不断地学习，才能适应行业的发展。

3. 境界感悟

境界是靠经验得来的，无论做什么事，只要做一千次就会产生境界。而感悟则要靠经常实践，经常总结，当生活给了你灵感，你就能够获得许多感悟。

4. 积累爆发

很多新手主播都羡慕大主播，羡慕大主播的知识积累。但这些知识积累都不是一天能完成的。大成功都是小成功点滴积累起来的。所以，我们所有的努力都是在积累和成长。爆发是迟早的事，记得要赶在趋势的前列。

▶▶ **做中学**

上网搜集知名主播的成功案例，并写一篇议论文。

5. 情绪感染力和影响力

在社会交往过程中，个体的情绪和行为能够激发他人相似的情绪体验，这便是情绪感染（emotional contagion），情绪感染可以通过"联想—学习"机制或语言调节联想机制发生。"联想—学习"机制是指观察者与他人在同一场合时，在他人情绪诱发下，会展现出与他人相似的情绪并感受相似的经历，或者回忆过去相似的经历而产生相似的情绪状态。语言调节联想机制即描述某一特定环境的语言或文字能够激发观察者产生与所描述情境相似环境的想象，这一想象将使观察者产生与描述者相一致的情绪感受。

6. 如何调动情绪

我们在聊的话题中找到：喜怒哀乐，悲欢离合。这个顺序是有喜有忧，有笑有哭。能让大家有说有笑。生活是挂在脸上的。如果你拥有许多与粉丝产生的共鸣，就能够产生影响力了。

7. 自身绽放——扬长避短

没有谁比你自己更了解自己了，要懂得，如何发挥自己最擅长的，给粉丝展示出独特的自己，同时尽量避免触及自己的短板。

三、设计好自己的直播名片

其实，对于淘宝直播间来说，主播的名片是非常重要的宣传点，所以，如何设置主播名片？也就显得特别关键。

1. 怎么做名片？

这个是直播产品的视觉优化，不用设置默认显示，该功能优化以下两个方面：

（1）对直播间的主播头像、昵称展示成一个主播名片——即点击主播头像，即可弹出名片小卡；

（2）直播间评论增加了蒙层效果，增强观感。

温馨提示：目前该功能，正在逐步开通中，并不是所有的用户都能看到名片小卡，所以要耐心等候。就目前来讲直播间的主播名片是默认的不需要自己去设置，当然这个功能还没有完全开放，所以，大家可以多等些时间，后续相信平台也会逐渐去开放这个功能给各位主播，所以，主播们也不需要心急可以先把其他方面设置好。

2. 建立一个 IP

首先对本人要有一个清楚的定位：我是谁？我是干什么的？我凭什么让别人喜欢？而对于凭什么让人喜欢这个题目，就是要发掘并找准本人身上能吸引人并有辨识度的一个或几个点。纵观各个领域的头部账号，好看的皮囊可以没有，但有趣的灵魂不可或缺。人设很大程度上就取决于主演面临镜头时所展现出来的性格特征。

◆ **做中学**

设计一款直播名片，名片上采用个性化的语言来介绍自己。

任务五　如何策划粉丝喜欢的直播内容

▶▶ 问题引入

现在直播是对接用户的一个口子，直播的内容很大程度决定了直播的成功与否。在这个"内容为王"的直播时代，如何策划出优质的直播内容？如何才能获得粉丝的喜爱呢？

一、深度挖掘粉丝画像

关于直播带货的调查研究表明，超过一半的受访用户观看过网红/明星直播带货，其中更是有超过90%的用户会购买主播推荐的产品，未购买过的用户仅占9.78%。观看带货直播的用户，具有很强的商业转化特性，这就是我们为什么要去分析背后的用户画像——知道是谁，才能更好转化。

直播购物的用户画像：

（1）男性比例占58%，高于女性42%；

（2）80后、90后占据购物用户的80%以上；

（3）二线城市用户是直播购物的重点用户，占42%。

用户直播购物的主要原因：

（1）真实性，是用户愿意为直播买单的主要原因，占58%。用户在观看直播时有自己的判断力，新生代用户更是在网络环境中长大的，见多了层出不穷的商业推广，因此更注重商品的真实属性；

（2）减少操作步骤永远是互联网的不二法则。据了解，每增加一步操作，就会损失大概三成用户；

（3）优惠的价格会吸引更多的用户。

二、吸引粉丝的直播内容有什么特点

1. 垂直的内容

随着用户红利的逐渐减退，内容垂直化将成为直播行业的主要趋势。平台将会更多地聚焦在某一特定用户群体的需求。而垂直化的直播内容，往往是聚焦并且满足特定群体需求的某一固定领域内具有强粘性的信息。内容具有了强粘性便可以聚集强大的粉丝群。因此主播在准备直播内容时，一定要根据某一特询用户需求，明确内容调性，持续生产用户喜好的内容。

2. 多形式内容

目前，直播的形式是非常多的，包含网红直播、户外直播、工厂直播等形式，其直播内容多为达人连麦、网红代播、旅行直播、探寻原产地等。不同的形式对应不同的直播内容，给用户带来的感觉也不同。因此，主播在准备直播内容时，可以以多元化的直播形式来展现。

议一议

目前网络上最流行、最受喜爱的直播形式是哪种？

3. 多样化内容

准备直播内容时，可以考虑内容多样化。比如你是做种草直播的，那么你的内容可以是场景专题、专业测试、新品试用、高端展示等。如果你是做直播的目的是涨粉，那么你可以以粉丝活动日、粉丝回馈、奖品红包发送、活动专场的直播内容来展现。

4. 有价值的内容

在准备直播内容时，要考虑什么样的内容可以为用户带来更多价值利益，因为能帮助用户获得价值利益的内容，能持续吸引更多观众。

比如做美食带货直播的朋友，除了讲解产品之外，也可以给直播用户解锁一些美食吃法，让用户在享受价值优惠的美食时，也能收获到更多实用好玩的技巧。

5. 有趣的内容

有趣能让直播间观众都有一个看了感觉好玩、有意思，有留恋的感觉，而在信息爆炸的今天，碎片化阅读越来越严重，如何能让观众停留下来，有趣就显得很关键！

6. 专业的内容

群众的眼睛是雪亮的。再多再好的套路也只是暂时的。在绝大多数用户的内心深处，希望专业来引导和帮助自己进行决策，消费决策也不例外。因此，专业度较高的人，天然容易获得信赖。例如知名主播李佳琦，他对于口红的专业度人尽皆知。他在直播时讲解的口红知识，人们都会相信他，他的一句"OMG"，人们都会迅速下单。

7. 有故事内容

直播间不仅要卖货，故事内容上也要保持生活气息和合理性。如何让粉丝投入情感并产生同理心，要求主播构思内容时要基于现实，高于现实。这也是各大品牌都要有自己所谓的品牌理念，品牌来源的原因。

但是内容太超脱现实或者太贴近现实几乎都是没有亮点的，对粉丝没有吸引力。而在生活基础上经过升华的故事内容产出，例如在直播中加入搞笑元素、工作故事、情侣问答、智力挑战等，可以让不同社会角色的人群在观看视频时自我代入，调动用户的参与性。

8. 会"蹭热点"内容

实时热点是在某个时间段成功刷屏的内容，有可能是一个挑战、一个游戏、一段舞蹈。蹭热点的好处是可以更具有话题性和吸引眼球，也容易给粉丝留下印象。直播的时候，也可以借助这些热点来吸引人气，这不失为一种好方法。

但蹭热点需要有态度、有选择地蹭，只有结合了内容调性，积极地产出才更加具有可挖掘的潜力，才能吸引更多流量。

想一想

一个直播形式火了，很多大大小小的直播间会蹭热点或是复制它的内容形式，如何在这大环境下突出重围，独树一帜呢？

三、提供粉丝喜欢的直播内容

对于直播电商来说，粉丝是带货的基础。那么我们应该如何做好粉丝运营呢？在做粉丝运营时，我们可以从互动、内容以及人格化IP三个方面来入手。

1. 互动

无论是在直播中还是直播后，互动都是十分重要的。在直播中，主播和用户进行互动是为了让他们的停留时间更久一点，从而提高转化率。而直播后，用户依然留下来，那么他们就有很大的概率会成为忠实粉丝。

在互动中，主播将用户引导至自己的私域流量池当中，在私域流量池中，主播依然要和粉丝们进行互动。如直播中，可以在直播间中发起红包、抽奖等粉丝活动，增强用户的参与感，降低流失率。在直播后的私域流量池中，主播可以发起有意思的话题来引起粉丝的共鸣，或者举办不定期的线上线下活动，形成自己的活动特色，为品牌推广赋能。

2. 内容

吸引粉丝的前提是直播要能够持续性地输出对粉丝有价值且优质的内容。在直播中，用户被吸引的点可能是主播本身，也有可能是内容，但保证用户继续停留在直播间的动力是优质的内容。

不光是直播中，就连直播后也不例外，毕竟谁也不喜欢别人在自己的朋友圈或者群聊中一味发卖东西的消息，或者你可以用户优质且对粉丝有用的信息来代替"微商式"刷屏，不过这些内容还是要从定向用户的需求出发，不然很容易弄巧成拙。

❖ 做中学

调查你身边的亲友，了解进入直播间的原因，将调查的结果填入表3-1。

从以下的原因中进行选择，并在下面打钩，可以进行多选。

表3-1

人员	主播	产品	企业	品牌	折扣度
学生					
成年女性					
成年男性					
中老年人					

对结果进行汇总，整理成柱形统计图。

3. 人格化 IP

粉丝会粉上主播，主要还是因为主播身上有他们喜欢的闪光点。而这些闪光点又有别于他人，那么主播就需要打造差异化人格，并不断强化人格，主播可在朋友圈或者群聊里展示真实的生活并进行自我包装，这样可以让粉丝更亲近和崇拜。

虽然主播对粉丝表现的是包装之后的形象，但主播或商家还是要用真心对粉丝，毕竟以真心换真心，才能与粉丝建立更长久的消费关系。

四、4个维度策划直播脚本

在了解直播脚本怎么写之前，首先要明确直播脚本的4个核心要素（直播脚本作用）：

1. 明确直播主题

也就是搞清楚本场直播的目的是什么？是回馈粉丝？新品上市还是大型促销活动？明确直播主播的目的就是让粉丝明白，自己在这场直播里面能看到什么、获得什么，提前勾起粉丝的兴趣。

2. **把控直播节奏、梳理直播流程**

一份合格的直播脚本要具体到分钟。比如8点开播，8点到8点10分就要进行直播间的预热；和观众打招呼之类的；另外还包括产品的介绍，一个产品介绍多久，尽可能地把时间规划好，并按照计划来执行。比如每个整点截图有福利，点赞到十万二十万提醒粉丝截图抢红包等，所有在直播里面的内容，都是需要在直播脚本中全部细化出来的。

3. **调度直播分工**

对主播、助播、运营人员的动作、行为、话术作出指导。包括直播参与人员的分工，比如主播负责引导观众、介绍产品、解释活动规则；助理负责现场互动、回复问题、发送优惠信息等；后台客服负责修改产品价格、与粉丝沟通、转化订单等。

4. **控制直播预算**

单场直播成本控制，中小卖家可能预算有限，脚本中可以提前设计好能承受的优惠券面额或者秒杀活动、赠品支出等。提前控制直播预算。

技能训练

小组合作开展训练，亲身体验直播的开展，具体要求如下：

（一）精心搭建直播室

选择一个安静的房间，搭建一个带货当地特色美食的为主题的直播间。

你选择的特产是＿＿＿＿＿＿＿＿＿＿＿＿＿＿＿＿＿＿＿＿＿＿＿＿＿＿＿＿＿

选择这些特产的理由是＿＿＿＿＿＿＿＿＿＿＿＿＿＿＿＿＿＿＿＿＿＿＿＿＿

（二）策划产品出场顺序及摆放位置

要突出重点售卖产品，突出直播亮点。

注意产品摆放位置，兼具美感。

（三）挑选合适的主播人员

从小组成员中选出两名符合主播特质的成员来进行试播。

（四）教师点评

项目四
学习直播流程

学习目标

- 熟悉直播流程
- 能够制定正确的直播标题
- 熟悉直播首页的制作流程
- 熟悉常用的主播形象塑造方式、方法
- 能够正确制作发布直播预告

导语

直播作为新媒体时代的主流行业,与直播电商有着密切的关系,其本质都是吸引流量,从而转化"粉丝",创造盈利。在创造盈利的过程中,直播试播充当着重要的角色。试播是为了确保正式开播的顺利进行和熟悉功能的使用。

任务一　撰写直播标题

▶▶ 问题引入

新手在喜欢的平台上进行直播，但是观看人数非常少，效果很不理想，到底是哪里出现了问题？观看量与直播的标题联系大吗？直播需要特别注意什么小细节呢？

直播的根本目的是销售，每一场直播都要进行标题多样化的策划，需要吸引人群以此达到一个好的流量，而直播间的流量与直播标题有着非常大的关系，一个好的直播标题在于是否吸引人。目前直播间标题大致的字数在5~12字左右比较合理，一方面考虑在各大平台的展示效果，另一方面精简的标题一目了然，同时平台规则也会对标题有所限制。那怎样才算是一个有吸引力的标题？

一、好标题的标准

（1）准确定位直播内容。
（2）引发用户的观看兴趣。

标题字数最好在5~12个字之间，一句话形容直播内容亮点。避免空洞无物，没有信息量的"散文"标题。把用户最关心的主播亮点、产品亮点、促销亮点放在标题上。

▶▶ 做中学

请列举出优秀的直播标题，并分析它是以下哪种常见型标题。

二、常见直播标题写法

1. 节日/季节 + 客户人群 + 产品

这种写法一般是以电商、传统节日开头，带有一种促销、做活动的目的，有面向地确定客户人群，以及针对客户人群的产品，例如："开学季学生必备文具包""男人节潮男购机首选"。

2. 产品 + 利益引导

这种写法是把产品先提出来，率先锁定目标人群。例如"塑身衣宝妈必备"。

3. 明星／网红／专家效应 + 产品

某某明星也在用，某某网红推荐，某某专家安利，这样的标题开头就能让人产生一种熟悉感，并且由于之前对明星／网红／专家的信任，也会对标题接下来说的产品产生兴趣，进而点击进入直播间一看究竟。例如："某网红推荐口红"。

4. 纯利益诱导

进直播间抢红包，进直播间免费送，这类标题杀伤力挺强，引流的效果也是比较实在的，只是流量进来后就需要设计一些活动规则进行转化。例如："关注红包抢不停"。

5. 纯标题党

这类纯粹是求新立异，往往使用唬人的语气，或者好奇、惊讶、疑问的语气，不建议经常使用。例如："没有洗脸，胆小勿近"。

6. 蹭热点

热点新闻事件、网红、电影与电视剧等，都可以作为一个话题放在直播标题上，吸引到流量进直播间后，再从这些话题中去植入自己的产品。例如："三十而已上位秘诀"。

🔍 想一想

还有哪些常见的直播标题写法？

任务二 制作直播首页

▶▶ 问题引入

直播首页图做得好，直播间流量提升少不了，说到直播首页这个细节，刚接触直播带货的人，都不会太留意，随性而为地将图片传上去，蹲在直播间里讲了半天也没几个人进来，所以这就是直播首页的重要性。那如何制作一个有吸引力的直播首页？制作直播首页过程应该注重些什么问题？

在用户看到内容之前，封面和标题是用户对直播间的第一印象。所以直播间能否吸引新用户，很大一部分取决于封面图的质量高低。封面图的规范和创新能带来意想不到的高点击，有点击后才会产生后续分享、下单的机会。直播首页是观众选择进入直播的第一步，所以一个优秀的直播首页需要做到以下几点：

（1）画面清晰。基础要求，使用高清图片作为直播封面（建议像素 1600×900）。

（2）主播出镜。加入主播照片或清晰的人物照片进行设计。

（3）文字简洁。封面上的文字控制在一行10字以内，突出重点文字。

（4）文字打磨。有趣、有重点、有新鲜感的文案，可以吸引到更多人观看。

（5）视情况更换封面。如果直播已经形成了明显的IP或内容，就可以直接稳定使用，不要频繁更换封面。所以，尽量从最开始就制作符合账号特色或人设IP的直播封面，让喜欢我们的观众在看到直播封面的第一时间，就知道是我们，从而进入我们的直播间。

🔍 想一想

直播首页的影响及意义。

任务三　主播的形象塑造

>> 问题引入

网络主播必须把自身包装成在自我美感和满足游客美感喜好中最平衡的样子，才能让自己获得最好的机会。当然包装不仅仅是外表，还包括说话的语气，形象打扮，形体动作等多方面的内容。主播的形象能带来什么影响？主播的形象要怎样去塑造？

每一位主播对自己的包装是极其重要的。无论网上的粉丝与游客怎么说，最初能吸引他们的肯定是网络主播的美貌。用心把自己打扮得美丽动人是成功的关键。如何塑造自己的形象？有以下几点：

一、创建自己的IP

IP是什么？IP是围绕网红诞生的衍生品，是个人品牌组成的必要环节。尽管我们都知道大部分的领域最终能够拥有个人品牌的都是万里挑一的少数人，但是即使成不了网红，努力经营自己的个人品牌，在小范围内成为一个有影响的人，也能遇到更好的工作。

说到口红，我们就会想到某网红，这就是他创造的IP，他几乎就是口红的代言人。而比他更早一辈的网红，曾推出过自己的专属T恤，创建了自己品牌的女装，还有推出自酿的美酒，更是将IP实体化。我们有理由相信：未来某些网红一定也会创建自己的品牌，使IP价值最大化。一旦形成IP，意味着我们的形象会更加丰富和立体，个人品牌价值也会最大限度地提升。因此，每一个主播都要致力于打造个人IP。

二、构建系统而全面的基本功和跨界知识体系

在基本功方面，包括学历、驾驭能力、外语能力、计算机使用能力、交流能力、文字能力等；在跨界知识体系方面，要学习项目管理、合同谈判、销售预测、网页设计、摄像视频、供应链管理、货品选择等方面的知识。唯有掌握丰富的跨界知识，才能在工作时举一反三、游刃有余。

三、进行良好的自我策划和包装

通过良好的包装能够给用户留下极为深刻的第一印象。对于主播个人来说，可以通过一句话或者饰物来打造自己的第一印象。

四、学会演讲

当下，演讲已经成为公关的重要手段，掌握好演讲技巧能够为主播赢得更多、更好的机会。提高演讲水平的方法就是多听、多总结、多练，主播应结合自身的需求制定详细的学习计划。

五、让自己从"娱乐"晋升为"专业"

多数网络主播的个人形象，往往只能停留在"娱乐"这个层面上，时间长了粉丝不免会有些审美疲劳，但又突破不了这个瓶颈，渐渐地没了人气。想要突破这种瓶颈，就必须强化自身的品牌与形象，从"娱乐"逐渐晋升为"专业"。这需要我们依托社群展开更多维度的探索，例如，一名游戏主播在自己的微信公众号中发起"寻找生活中的七龙珠"活动，引导粉丝们积极参与，内容已经不再是简单的游戏互动，而是进入更深层次的生活，顿时网络主播形象饱满了很多，圈粉无数。

🔍 **议一议**

"娱乐"与"专业"的分界线在于什么？

电商直播不同于秀场直播和游戏直播，只凭借高颜值和讲段子就能把货物销售出去，专业能力对于电商直播至关重要。

（1）商品讲解专业，产品卖点清晰。主播及其团队要做好准备工作，熟悉和了解商品及其卖点。一是要对商品的熟悉程度高，认真了解商品的方方面面；二是清楚产品的卖点，这样才能准确把用户的需求与产品卖点相匹配；三是避免直播"翻车"。

（2）口播能力强，洞察用户心理。一是要语言表达清晰，在较短的时间内清晰而准确地介绍商品；二是语言风格有煽动力，挑起用户的购买兴趣；三是了解"粉丝"心理，采取有针对性的说服策略。

（3）种草型KOL的直播带货成功率高。一是KOL已有较多的"粉丝"积累；二是种草型KOL更了解带货行业；三是综合能力强的KOL可快速进入角色。

例如，某宝直播带货一姐超强的带货能力的背后是其长期的专业积累，一方面来自其早期经营线下服装店和某宝店的经验，另一方面是其每天坚持对所有直播商品的熟悉和学习。

任务四　发布直播预告与第一次试播

▶▶ 问题引入

每一次直播都应该做足充分的准备，因此主播在每次开播前，需要去中控台发布直播预告，一个好的直播预告可以带来海量的曝光和流量，那么如何正确地发布一则优质的直播预告呢？

每一次直播都应该有充分的准备，因此主播在每次直播开播前去中控台发布直播预告，一个好的直播预告可以带来海量的曝光和流量，那么如何正确地发布一个优质的直播预告呢？

预告发布流程：

（1）进入创作后台，进入直播；

（2）进入我的直播，创建直播；

（3）选择直播活动和画面；

（4）选择直播时间；

（5）上传直播封面图；

（6）填写直播标题和直播简介；

（7）选择直播标签；

（8）选择直播地址；

（9）添加直播宝贝，点击发布即可；

（10）发布好后就可以在直播客户端看到刚发布的预告。

直播并不是那么简单一个主播加一部手机就能做出成绩来，规范地说，直播是一个系统工程，这里面有很多的工作环节和细节，一场直播的成与败跟这些细节都息息相关。在开播之前一定要做好以下准备：

（1）心态。在开播之前一定要调整自己的心态，试问自己是否准备充足，也要做好没有很好的流量以及回应的准备。

（2）调研。不管是卖服装，还是卖面膜、水果、奶粉等，我们都应该去各大平台翻一翻同类型的内容和账号，列举3个做得很好的，再列举3个做得不好的，最好能找到对应账号和内容，在此基础上做优化和创新。

（3）熟悉平台规则，开通直播权限。熟悉了解每个平台的规则，了解规则后开通直播权限，每个平台的要求不一致，我们要寻找适合自己的平台。

（4）确定合适的产品。店铺是什么，就卖什么，要对自己卖的产品特性有充分的了解。开直播之前我们就要对此有清晰的认识。如果我们的衣服是原创设计品牌，那么在直播的时候就可以突出原创设计的元素，圈住一批对原创设计感兴趣的粉丝才是目的。

（5）搭建一个美观舒适的直播间。直播间一些基本的硬件设施，电商平台上都有售卖。比如要一台内存很大的台式电脑，会比用手机直播更好，可以边直播边看粉丝互动的问题，灯光要买南冠的环形灯，用来补面光，同时还要布置几盏环境灯，建议购买条形灯带。直播工具一般情况下手机是足够用的，上网一定要测试无线 WiFi，会不会卡和中断，台式电脑一定要用网线。此外，干净整洁的背景是必须的，可以让我们的直播间看起来高大上（如图 4–1 所示）。

图 4–1

（6）做好试播和时间规划。试播很容易理解，测试网络、调整灯光、环境，测试自己的语态和互动等。

任务五　复盘第一次试播

▶▶ 问题引入

直播复盘是一个很重要的工作流程和手段，做直播的第一天开始就要做复盘，而不是等到效果很差的时候才做这个工作，很多人忽略了这一点。直播复盘究竟是在复盘什么呢？

直播复盘是一个很重要的工作流程和手段，做直播的第一天开始就要做复盘，而不是等到效果很差的时候才做这个工作，很多人忽略了这一点。大家都知道直播要设定目标。设定具体可量化目标。这样复盘的时候才能进行数据对比，从数据中发现问题所在，那些空泛的概念目标不利于复盘，也不利于考核。直播复盘总结至少包括直播数据分析，用户活跃度、直播间转粉率、调整改进等。直播复盘究竟是在复盘什么？

一、主观地发现问题

下播之后回顾流程，梳理出本场直播的优点犯错点，比如在直播过程中哪里犯错了，哪里互动有问题或者回答不上来粉丝的问题，商品上架问题等。

二、数据分析客观地发现问题

数据分析工作尤其重要，任何的交易、下单行为都会产生数据，有了数据，就一定要做数据分析。直播的基础数据包括观众总数、新增粉丝数、付费人数、评论人数、收货音浪。

三、直播间优化

直播间优化可以从以下几个方向去改进：

（1）提升玩法、引流款、秒杀款多上。让粉丝能够在直播间有获得感，花更少的钱买到更优质的东西。

（2）提升主播讲解引导力、感染力、亲和力和颜值。比如主播幽默、颜值高，谁不喜欢？

（3）货品的类目匹配、性价比、价格与目标人群的匹配。直播带货其实核心还是货，尤其是高性价比的好货。毕竟，粉丝关注我们的直播间，除了是对我们的认可，更重要的是想买买买。

（4）直播间的布景：直播间如果是和产品相关的、相结合的，比如卖服装的直播间就是服装店、服装工厂，卖护肤品的，直播间陈列的都是各种各样的护肤品，这种就会让粉丝感受到场景感，更加容易涨粉。

四、对直播打分

每场直播结束复盘，都请给自己本场直播的表现打一个分数。打分的目的是让我们和我们的团队对整场直播有一个认知，因为一场直播下来，有得有失，打分可以让我们明确地知道是优点更多还是犯错更多。而且，记录每次直播的分数，都可以作为下一次的参考，有比较才有进步。

直播复盘的流程，也算是简化的操作流程，分别是量化目标、数据分析、问题改进、复盘记录。

1. 量化目标

设定直播的目标是一件挺不容易的事情，特别是新手，没有参考项，也不了解自己的能力可以达成什么目标。这种情况最好的做法就是观察同行，通过同行的数据分析情况，结合自己的需求预期，来设定初始的目标。分析同行或者行业的第三方数据工具很多，我们可以找到一些网红、达人、商品的排行榜，与自己相关行业的带货数据等。通过分析同行，就会知道目标的设定可以是每天涨粉多少，商品点击数多少，订单数多少等，把这些可以量化的数据归总在一起，加上自己预期的数据，生成本场直播的预定目标。当然，卖货是直播的主要目标，其他是次要的，对于绝大多数人来说都是如此，但不能一开始就设定过于虚高的目标，发现问题也可以是目标。

2. 数据分析

对于刚开始直播的人来说，数据样本量是不够的，不足以看出数据的波动与趋势，也总结不了平台的算法与规则。那么建议是操作一段时间后，各方面的数据量都足够看出变化了，再进行数据分析，分析的点主要是数据的波动，以及某些可能影响数据的操作。现在的直播平台都有数据报告，我们可以从中获取到主播、粉丝与商品相关数据，然后进行对比分析，一般会着重看直播时长、粉丝停留时长、互动数、增粉数、商品点击数、订单数等重要数据。关键看变动，无论数据是上升还是下降，都跟我们的直播细节息息相关，比如直播时长较短，得到平台的推荐较少，那么进入直播间的观看人数就较少。经过一段时间的分析，我们发现某宝直播的流量推荐是跟直播时长有关系的，直播时长越长，排名的效果越好，一般行业内都建议单场直播8个小时以上。所以慢慢地经过实操，把更多影响数据的因素找出来进行总结，这样就能顺利进入下一个问题改进的阶段。

3. 问题改进

通过数据的分析报告，直播存在的问题是很显然的，可能各个细节都会存在问题，这样就会比较杂乱，建议是找出问题之后，对问题再进行分类。比如，设定几个重点问题分类，像流量问题、转化问题、留存问题等，把筐都准备好，找出来的问题一个个往里面放，然后再针对性地解决；接着大家又会产生一个疑问，纠结问题解决到什么程度，才算是达标了，解决好了，答案其实很简单，就是解决了之后，未来的数据结果是往好的方向增长的，这就行了。解决了问题，数据一直变好是不可能的，只能说是总体趋势变好，毕竟未来的直播中，还有其他预想不到的问题会出现，甚至是瓶颈。

4. 复盘记录

复盘记录就是做最后的总结了，把上文所提到的团队复盘数据、商品复盘数据、直播间复盘数据记录下来，然后是预期目标与达成目标的对比，最后是问题分类与解决方法，一张表格就能详细地记录下来。当然，如果要复盘到位，我们还需要收集粉丝观众的反馈信息，反馈的来源渠道可以是直播平台上的评论、私信以及在线客服，也会包括我们预热的时候，在新闻媒体、社交平台上所收到的反馈。反馈的内容可以放到问题改进中，划出一个分类来记录，也可以单独记录，但一定要有解决方案，并且跟进解决。

技能训练

小组合作开展训练，完成直播试播的流程，具体操作如下：

（一）撰写直播标题并制作直播首页

小组确定直播内容，根据内容撰写直播标题并制作直播首页。

（二）选择平台发布直播预告并进行试播

小组选择一个平台，分工明确，进行发布直播预告，然后进行试播。

（三）复盘第一次试播

各小组成员组内交流讨论，并派一人总结复盘成果。

（四）老师点评

项目五
直播数据分析与提升

学习目标

- 掌握分析直播电商数据的方法
- 熟悉直播数据的提升方法
- 能够使用数据分析大主播的人设

导语

在互联网平台做直播卖货和在传统电视购物频道卖货的一个很大区别,就是粉丝可控化和数据可视化,如果直播带货想做大,想寻求更好的发展以及更大的利润的增长,就需要做精细化运营,更加应该重视数据分析的工作。

任务一 分析直播数据

▶▶ 问题引入

直播间数据的分析是支撑内容运营成长的核心,把控数据粉丝,引导流量进入,这是直播进入成长阶段后,一些腰部和头部,商家需要重点运营的。而且优化和提升直播间,打造属于自己的优质直播平台,就需要深耕数据。那么,该如何分析直播数据呢?

与传统的电视购物频道相比,互联网平台直播带货的用户数据是可控和可视的,这意味着我们能够通过分析数据的方式来衡量直播的效果。做直播带货不仅仅只是看自己的销量,随时关注直播数据可以清晰自己的定位。以下是从几个步骤分析直播数据:

1. 明确数据分析的目的

之所以做数据分析,是为了发现并解决直播运营中出现的问题,从而推动直播业务增长。根据想要解决的问题类型,我们可以将数据分析目的划分为三类:

(1)分析现状。做数据分析的基本目的就是分析现状,比如直播的竞品有哪些,和竞争对手相比有哪些优势,直播产品的市场占有率是多少等。

(2)找出原因。商家在直播的过程中,也许会遇到用户流量有时很多,有时又出现大量流失的情况,出现这种波动后,我们可以通过数据分析来找出原因。

(3)预测未来。对于每一位直播运营人员而言,用数据分析来预测为了行业的变化趋势是常用手段。直播运营人员可以通过数据结果判断直播产品复购的增长率,比如,在某次直播中,某件产品的直播转化率很高,那么在下次直播中,就应以这件产品为主打产品,从而为直播带货带来更高的转化率。

在某些平台下,直播运营人员还可以通过数据推测平台算法,找到其中的规律,对直播内容做相应的调整。俗话说:"知己知彼,百战不殆。"直播运营人员要充分利用数据分析的方法来了解自己、了解竞争对手,及时调整直播策略,方能运筹帷幄。

2. 获取数据

一般的数据来源都是PC端直播中控台查看相关数据和手机APP的数据浏览里,

除此之外，有些数据需要我们通过特殊渠道寻找。

🔍 **查一查**

查找能获取直播数据的特殊渠道。

3. 整理数据

整理直播数据统计需要包含以下内容：日期、直播时间段、时长、累积场观、累积互动、累积商品点击、粉丝点击占比、最高在线、粉丝平均停留时长、粉丝回访、新增粉丝、转粉率、本场开播前累积粉丝、场间掉粉、订单笔数、预估转化率等。

4. 数据分析

做好数据统计后，直播运营人员需要对各项数据做一次分析，这也是数据分析工作的最终落脚点，以下是三个分析方法：

（1）对比分析法。这种方法是通过对比以前的直播数据，找出异常数据特别强调一点，"异常"不是指差的数据，而是与平均线相比偏差较大的数值。比如，某主播的日增粉量长期维持在50~100这个区间，某天直播后日增粉量达到200，虽然这是好事情，但也算异常数据。直播运营人员需要密切关注，并查找原因。

（2）特殊事件法。我们发现大部分数据出现"异常"都会关联某个特殊事件，例如平台首页或者频道改版、标签变化、开播时段更改等，这就要求直播运营人员在日常做数据记录时同步记录这些特殊事件，然后对比分析。

🔍 **议一议**

当平台首页出现改版时，对直播带货影响大吗？

（3）曲线分析法。曲线通常能够代表数据的走势，因此我建议大家可以挑3~4类相关性较高的数据，放到一起对比分析走势，从而预测趋势。数据分析，其实就是一种量化方法，量化的数据往往会更直观，直播运营人员也能从中找到问题并"对症下药"，因此，多看数据，根据数据得出的结论对直播具有非常大的指导意义，千万不能不看数据，不懂数据。

◆ **做中学**

选择一场热门直播并分析数据，根据调查内容填写表5-1。

表5-1 直播数据

调查对象	观看平台	直播时长	粉丝涨幅程度

任务二 提升直播数据

▶▶ 问题引入

需要通过数据的变化情况来制定整体直播的节奏,即使是那些知名主播,经过一晚上的直播后也需要强打精神,对今天的直播进行数据分析。没有一场直播是完美的,每场直播都有值得反思的地方。那么直播需要分析哪些数据呢?又该如何提升直播数据呢?

直播数据是一场直播的核心体现,不管是销量、粉丝量或是浏览量,都是厚积薄发。一场直播数据关系到直播的后期发展方向,可以从数据中看到自身问题,总结自身问题,及时改善问题。以下几个是提升直播数据的方法(如图5-1所示):

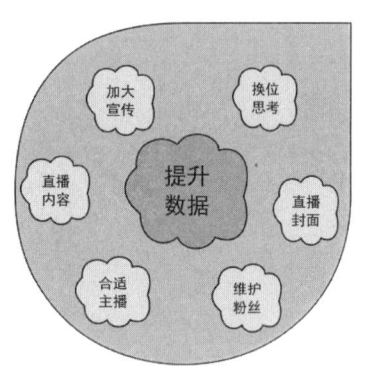

图5-1

1. 注意直播内容

没有引流,货卖不出去,没有足够多的好货,人不会来。商品是直播间的核心,排序逻辑应该是:商品>主播>活动>装修,店铺要结合自身的特点去做直播,主播们要记得淘宝直播主要是为了店铺服务的,淘宝直播内容就是商品,卖什么商品,就围绕这个商品去做直播。

2. 选择合适的主播

主播的人设其实并不复杂,观众对人设的理解其实是很简单的。从一个主播来看，每当主播站在镜头前的时候，就要知道镜头那一端的粉丝，他们想听什么样的讲解，他们对什么活动感兴趣，怎么讲他们会买单。所以，主播的悟性很重要。淘宝主播最好是店铺自己做，能力可以慢慢去培养，毕竟做淘宝直播的都是自家产品，能够了解得更清楚。

议一议

你心目中理想的主播人设是怎样的？

3. 学会维护老粉丝

只有独特的内容才是淘宝直播的辨识度，才可以吸引粉丝。拥有更多的忠粉，维护培养好这些粉丝，才能更好地将产品卖出去，多和粉丝互动，多给他们存在感。人与人之间都会有联系，维护老粉丝的口碑可以给自己带来的是更多的新粉丝、更多曝光度。

4. 巧妙利用直播封面

封面就好比是实体门店的门头招牌，这样可以为淘宝直播吸引人气，这对于提升淘宝直播流量也是个有效的方法。

5. 换个角度看问题

真正站在观众角度来衡量直播间，注意细节，魔鬼藏在细节里。换个角度思考问题会解决很多麻烦。比如大部分运营没有美学经验，直播间画面构图不好；大部分直播间的灯光都太暗；很多观众其实是在"听"直播，所以话筒收音很重要；频繁弹关注卡片体验就很糟糕。

6. 亲朋好友的宣传

直播最大的流量来源是淘宝系统，直播间流量是通过算法个性化方式推荐，店铺的直播数据直接影响推荐量，比如粉丝观看时长、粉丝回访、粉丝点赞，直播加购，分享宝贝、粉丝互动、粉丝关注等。这些数据越好，系统会认为我们的直播很优秀，接着分配给我们更多的流量，形成良性循环。而直播前期可能就是无名小卒，这时可以拉上亲朋好友给自己直播间充当人数，同时也可以让他们宣传一波自己的直播间，也可适当用福利吸引朋友的朋友。

想一想

还有什么小技巧能增加直播间的人数？

任务三　解析大 IP 主播人设

>> **问题引入**

打造个人IP，21世纪的工作生存法则。观察成功的大IP主播，哪一个不是人设鲜明？主播人设能给直播带来什么，就好像，说到圣诞老人，就会想到可爱的白须老者会给孩子送上礼物。好的人设能吸粉无数，获得较高关注度，从而带动流量实现商业变现。那么，那些大主播都是如何打造完美人设的呢？

人设IP，给一个拟定的人物包装一层外衣，贴上标签符号，让我们往往一想到这个人或者事，就能关联到其他。

一个成功故事一定要有一个成功的角色，一场成功的直播也一定会有一个具有鲜明特点的人设IP。所以，我们不要惊讶为什么某某主播，某一场直播GMV创造新纪录，与其说观众喜欢他们直播的商品，不如说喜欢的是他们的直播人设。

成功的人设能够让作为主播的我们显得与众不同；能够赋予直播更高的观众心理需求，有助于建立主播与观众间的信任；使吸粉变得更加精准，直播转化变得畅通无比。

如何打造主播人设？对于很多中小企业或是个人主播来说，如果能将主播进行IP化的人设打造，不仅能够快速、长期地做到用户增长，而且能够在很大程度上增加粉丝粘性。如果我们能够打造出一个极具个人特色的IP，那我们直播间的影响力就势必会呈现指数级增长。

如何打造人设是我们需要思考的问题：

1. 确定直播的行业或领域

某一个行业像是服装，也可以分为男装、女装、潮流穿搭等细分领域。之所以要区分如此细致，目的就是能够精准划分出我们的受众群体，也就是我们的潜在粉丝。再去学习和借鉴这个行业领域内优秀主播或者up主们的优点，找到他们吸粉秘诀，总结并学习，在这基础上选择自己感兴趣或者擅长的领域着手直播。

🔍 **议一议**

生活中人们对什么领域的事情更感兴趣？讨论交流一下。

2. 创新定位个性化标签

主播必须要有自己的闪光点或特点，才能让观众记住我们。浮夸的着装打扮可以是一个标签，洗脑式的口头禅也可以是一个标签，搞笑的画风也可以是一个标签……一个生动的形象才有记忆点。正如蜜雪冰城的品牌歌，在广泛的传播下逐渐地洗脑，以致给蜜雪冰城带去了不错的销量。

3. 维护人设并且强化标签

如何做到强化我们建立的个性化标签，我们可以给自己包装一个背景，通过背景为我们的标签进行强化。同时，这样的背景也决定了我们作为主播的号召力和公信力。强化标签，可以通过我们的从业或行业背景，例如：资深母婴奶粉柜员、妇幼医生一定比明星更懂婴幼儿奶粉的带货。当然，没有从业背景或经历也没关系，可以塑造一个生动且贴近观众的背景，比如一说到"农民的儿子""口红一哥""直播还债"等都是属于这一类强化的人设背景。

随着2021年的脚步即将来临，具备鲜明人设的主播不仅能够缩短用户的消费决策时间，让用户尽快下单，更加能依靠自己的魅力为商品赋能，打造消费信任。

长期低价的竞争策略势必不会长久，将直播带货内容化呈现既是为了丰富主播人设，也是在与其他同行的竞争中获胜的核心卖点。

❖ 做中学

请在你的家人、朋友和同学中做个小调查，了解他们平常关注的都是什么类型的直播，购买的都是什么类型的商品，根据调查内容填写表5-2。

表5-2　　　　　　　　　　　　消费者观看类型调查表

调查对象	观看平台	直播类型	购买主播推荐商品（类型）

技能训练

小组合作开展训练，调查并体验网上购物，完成以下操作。

（一）调查了解国内常用的直播电商平台

小组合作，组内合理分工，完成以下的调查任务。

调查访问国内主要购物网站的移动端，分析电商平台各类型的直播数据走势：
_____
_____

（二）任选一种常用的直播电商平台，体验交易流程

根据以上调查、讨论结果，组内分工，组员任选一种常用的直播电商平台，体验交易流程（可以模拟购买）。

1.你选择的直播电商平台是_____

2.你的引流平台是_____

3.你给自己设定的人设是_____

（三）交流体会

各小组成员组内交流讨论自己的体验，并选派代表在班级中交流。

1.目前国内主要的直播电商数据走势为_____

2.根据调查体验，比较受消费者欢迎的直播电商人设有_____

3.结合自身体验，谈谈在观看电商直播时，你最担心的人设问题是什么，你有没有好的解决施？_____

（四）老师点评
_____
_____
_____

项目六

直播流量的提升技巧

学习目标

- 了解选品过程中直播爆品特点
- 熟悉常见的直播带货技巧
- 熟悉产品引流方式
- 能够撰写直播电商引流软文

导语

随着直播业务的蓬勃发展,越来越多的商家瞄准了这块新兴的"市场蛋糕"。特别是在疫情防控期间,很多行业被按下了"暂停键"甚至"删除键",但直播电商却逆势前行,在各大平台均取得了耀眼的成绩。对于不少刚加入直播的卖家来说,直播间怎么增加流量就成为第一件头疼的事情。其实,直播带货并没有我们看到的那么简单,要想把直播带货做好做强,除了保证产品质量外,还需要具备一定的直播技巧。

任务一 如何选择能火爆起来的产品

>> 问题引入

我们经常看见这样的现象，有的产品销量轻易就突破多少万大关，甚至有的产品在分分钟售罄，而有的直播间却门可罗雀，仅有很少的销售量。

为什么会这样？首先我们必须知道，直播销售的核心是产品，选择有爆款潜质的产品是直播流量提升的基础。

很多人认为，新消费品的竞争力在于"新"，即求新求异，人无我有。但事实上，如果某个品类消费者完全没有认知和消费习惯，我们需要花费大量精力和金钱去教育消费者，在做好这些销售铺垫前，产品基本不会带来盈利，可能熬过生存期都很困难。

因此，我们所说的直播销售选择爆款产品，一般指的是具有基本认知基础，同时又在产品具体形式上有求新，能迅速吸引消费者的产品。

一方面，我们选择的产品要契合消费趋势，场景明确，有大众化的"出圈"潜质。我们说品牌要"小而美"，是要有"小众感"，即具有鲜明的品牌调性和个性，而不是一味寻找受众稀少的品类。相反，我们的品类要尽可能具备大众化潜质：有清晰的使用场景，随着市场扩大、需求变迁，就可能爆发、出圈，并成为大众消费品。根据过往成功案例，我们把这种具有"出圈"潜质的产品分为以下两种。

一是契合现代人需求趋势的产品。比如"孤独经济"下的宠物、一人食、单人旅游服务等；"懒宅经济"下的速食、方便食品、手机游戏等；"颜值经济"下的个性化服饰、美妆、消费型小家电、轻医美品类；"健康养生"趋势下的天然有机食品、保健营养品、便捷养生食品、低糖低脂代餐食品、体脂秤、健身瘦身器材等；"娱乐经济"下的休闲游戏、个性化休闲食品、视频和直播相关用品、舞蹈培训等。

二是传统大类目下的细分品类。由于传统大类目（比如女装、护肤品、休闲食品、家清用品、母婴用品等）已经很成熟，有足够的市场容量和消费习惯，如果我们从某个细分市场入手，做出特点就足够支撑供需链条，不必担心市场空间不够。如近几年从护肤类目延伸的各式洁面、按摩、提拉的仪器，已经由只能进口发展到现在品牌众多，市场巨大。

另一方面，战略上跳出红海寻找蓝海，选择没有特别强势竞争对手的产品可以提升我们的商业效率。

那些竞争激烈的行业，比如可乐、啤酒、凉茶等成熟产业，门槛很高，进入困难，我们在销售上也会遭遇行业领头者和追随者的强力狙击。

因而，选择直播爆款产品最理想的情况，是商品品类处于野蛮生长阶段，群龙无首或者龙头很弱势；或者专属这个传统大类目的产品，还没有形成品牌，那么我们强化消费者品类认知和关联，就有机会成为品类的代表者。

举个例子，当年"三只松鼠"选择坚果业，正是因为坚果品类大多是零售，同时即便有少量生产坚果的厂家，也还未形成专属于坚果的强势品牌。

🔍 **查一查**

你所熟知的爆红产品都具有哪些特征？

任务二 直播带货技巧介绍

▶▶ 问题引入

近年来,我们看到直播带货占据了各行各业的头版头条。不仅普通上班族纷纷入局,大批企业家也开辟了直播带货通道。随着直播带货行业越来越正规化、专业化,掌握直播带货的技巧,将成为我们在这个行业中走向成功的关键。

直播带货的浪潮从2019年开始不断创新高,大量线下商铺店主也纷纷进入直播带货领域。在这样的局势下,如何才能做好直播带货?我们介绍以下7个直播带货技巧:

1. 平台的选择:准

直播平台的选择决定了我们的受众量和发展方向,流量来源和运营方式的不同决定了直播带货的效率和业绩。所以,我们需要根据自身产品定位、受众区分、行业竞争等情况综合考虑,准确选择一个适合自我们的平台,从而确定我们的直播运营模式。

2. 自身专业能力:强

直播带货主播的能力也很关键,而主播之所以能积累人气和带货能力,都源于他们自身过硬的专业能力和持续输出我们的品牌内容。我们需要自身专业素质过硬的主播来直播,主播良好的素养能为我们的产品夯基础做支撑,提升我们的品牌公信度。

3. 用户留存:攒

在我们整个直播活动中,成交只是其中的一个目的,直播后的粉丝留存与运营也非常重要。与线下销售不同的是,直播带货要积攒粉丝量,做到用户留存,以此来增加曝光度,达到营销目的。我们可以通过分享日常生活和有趣经历拉近与观众的距离,提升品牌的真实度和生活化。积攒粉丝后,将粉丝变成品牌忠实用户,从而达到"一传十,十传百"的效果,我们需要进行粉丝运营维护。

一般来说,我们对粉丝的运营维护工作主要包括以下几种方法:

(1)粉丝回访。我们可以通过后台私信、直接回答问题等联系方式,回访粉丝,包括粉丝对于直播风格的建议、产品的评价、改善意见等,群策群力同时及时给粉丝传递关于直播和产品的最新信息。

(2)引导关注。我们可以通过直播引导粉丝关注,鼓励粉丝进行直播参与,提出修正意见,通过归纳粉丝意见对直播进行改善,形成良性循环。

(3)店铺活动策划。我们可以邀请粉丝参与店铺活动,或者提供初步构想,让粉丝参与设计策划方案,将店铺活动转换为"粉丝活动",提升粉丝的归属感和参与感。

(4)利用粉丝做宣传。我们可以邀请粉丝线下实地考察或来直播间体验,通过粉丝自身引导力和社交圈,延伸粉丝扩散,将店铺信息传递给更多的人,培养铁粉群体。

4. 介绍产品:细

产品的爆红不是一朝一夕之功,我们在带货中首先要筛选产品,选品能力把控着我们营销核心。同时,除了在直播中详细介绍产品,我们可以为产品拍摄一些风格鲜明的小视频,丰富产品的背景故事,增加曝光量和浏览量。

5. 为直播做准备:谋

对于直播,我们不打无准备的仗。直播前我们首先要调整自己的心态,心态是衡量直播成功的标准之一,良好的心态是直播成功的基石。其次在准确直播话术时,要注意避免盲目夸赞,不夸大宣传,把控品牌、时间、价格等维度,确保产品符合大众的口味。再次我们要熟悉每个直播平台的规则,坚守法律底线。最后在开播前,做好试播和时间规划,测试网络、调整环境,测试主播语态和互动等。

6. 适当营销:快

从淘宝诞生以来,消费者潜意识认为网上购物快捷方便,他们关注的点从产品价格到质量再到现在的物美价廉。而我们发现,直播受众是否购买取决于品牌知名度和性价比,所以大主播带货都在强调品牌的最低价。我们针对产品可以做适当价格营销,比如降低价格、限时让利、买赠等手段,既能让受众享受到福利,也能增加粉丝量,提升话题度。

7. 活跃气氛:动

在直播中,我们和粉丝进行生活化交流能增进信任感。直播间除了想买东西的受众,也有部分观望群体,如果单纯奋力于带货会让受众们觉得疲乏,此时我们通过解答粉丝问题,与粉丝互动,能调节直播间氛围。同时,我们也能通过粉丝的想法确定后期选品。与粉丝高频互动,有助于保持粉丝持久粘性,常见的互动形式有:

(1)随时解答粉丝疑问;

(2)超低价商品限时抢购,增加高频交易的氛围;

(3)商品亲身体验(试用、试吃),问题解答。

任务三　剖析知名主播带货技巧

>> 问题引入

一些普通产品经过网红主播的精彩讲解后，销量呈几何倍数增长。部分成功主播像明星一样在平台中拥有大量拥趸。为什么一些消费行为具有粉丝效应？这些知名主播使用了哪些带货技巧？

我们以某口红主播为例，分析在直播中，作为灵魂人物的主播如何用技巧带热点、拉关注、形成明星效应，从而带动直播销售额和粉丝群积累。

1. 人设定位精准

某口红主播是男性，他选的直播产品女性化妆品——口红。从选品根本上就冲击了消费者的惯性思维，引起受众群体的好奇和关注，同时将自身人设形象从一系列同竞品主播中隔离开来。

同时，为丰富主播人设，他还有自己的经典口头禅，如Oh my god，买它买它买它等，在直播中不断在受众中强化、固化他的形象，加强记忆。我们可以看到，某口红主播通过人设定位，迅速确立了在直播中的唯一性，持续输出个人品牌和内容，达到了吸引粉丝增加流量的重要一步。

2. 专业能力强大

有了关注度和流量，我们再看某口红主播如何通过选品和专业能力，让粉丝留存，流量变现。

首先，某口红主播主要聚焦在单一的品类，即口红，集中品类选品，会让用户画像会更加精准。某口红主播从业前是BA（Beauty Adviser 美容顾问），他的工作经验、对产品的熟悉度，投射到直播中，让他在现场讲解、临场反应、节奏把控上会比普通主播更为熟练。同时，据某口红主播称，他有一支包括食品研究、化工测试的质检团队，每名成员都是研究生以上的学历，这些高水平人才让直播商品质量有保证。

"单次直播最高纪录189支口红试色""平均每年直播389场"，专业与敬业，商品讲解透彻，产品卖点清晰，选品有保障，这些都是促进带货销量提升的因素。

3. 团队分工明确

我们都清楚，好的主播背后必定有更好的团队。如果想真正做好直播带货，搭建团队运作很有必要，目前收益好的直播，往往都拥有人数众多的运营团队。

某口红主播直播间对外展示的一般是两个人，主播和助理，很容易让人产生一两个人随意开直播，就能创造出1分钟卖1万4千支口红的错觉。但事实上，某口红主播在直播间背后是一支300人运营团队。可以说他能取得今天的成绩，离不开这支团队的全盘运营能力。

那么，我们如何搭建团队呢？首先要考虑岗位设置，其次是工作内容，然后是工作流程，而制度规则则因人而异，不同的企业和商家内部的管理机制不同，无法一一涵盖。通常优秀的运营团队，会规划直播方案，让内容和产品更匹配，给直播间更强的销售效果，保证主播可以顺利推广产品，维护直播间甚至商品的信誉值。

4. 明星造势高频

如今，一些直播间经常会看见明星的身影。比如某口红主播在直播时，就曾邀请了许多明星前来助阵。通过明星的流量和光环，可以增加货品的销售额，再通过多次、高频的直播，从而提升直播间选品布局，加强直播间精准投放策略，形成良性品牌直播生态。

从本质上来说，相比较传统的电商形式，直播带货最大的特征是其具有互动性和娱乐性，但这也对主播提出了新的要求。毕竟直播并不是一锤子买卖，而是长期的品牌沉淀、用户沉淀，只有做好直播间建设，选对主播技巧，坚持用户高品质的产品、高标准的服务，才能够不断提升用户对于品牌的忠诚度，最终达到"品效合一"的目的。

查一查

查找5个由知名主播带货打造出的网红产品。分析这些主播在带货过程中的技巧。

任务四　在平台直播中推广自己

▶▶ 问题引入

直播要想做好、做久，一定是需要推广的。想要让更多的用户购买直播间的商品，应先树立自身的口碑形象，建立起与用户之间的信任。那么，如何在平台直播中推广自己呢？

在同质化严重的电商圈，网红经济大环境在随时发生变化，用户消费心理、消费诉求也与时俱进。引导销售转化并不是我们现阶段品牌自播的唯一目标，在追求转化的同时，我们应更注重推广带来的"吸粉""种草""破圈"以及对用户的影响。一般的推广方法有以下几个：

一、视频推广

（1）发布预告视频。我们在直播前，制作并发布直播预告视频。让更多刷到视频的受众、粉丝知道要进行直播。

（2）直播同步发布视频。在直播时，我们可以拍下直播的画面，然后简单制作、连续发布，即连续多发推广。现在平台对直播的账号有隐形扶持，会将正在直播的账号推广给更多的人。

二、直播前账号、门面推广

（1）修改账号昵称和简介。在直播前，我们将账号昵称和简介中加上直播的时间。这是最直接的方法，只要是刷到我们视频的朋友，都会知道我们要直播。

（2）直播间门面设置。我们可以利用直播间门面进行推广，简短有亮点的标题、简洁清晰的直播封面图是抓住用户眼球的重点，明确直播主题，突出直播亮点在哪，吸引对标的消费对象进入直播间。

三、软文推广、网站推广

在不直播的时候，我们也可以通过软文、网站进行推广。通过原创软文、关键字以及伪原创的推广方式在众多论坛投稿发帖，或者在可快速传播信息的问答类网站通过自问自答的形式推广。

任务五　多渠道全方位引流

▶▶ 问题引入

每年的"双十一"前后都是黄金引流期，怎样从流量争夺战中脱颖而出？尝试多种渠道，挖掘全网流量，是很必要的方式。

随着行业竞争越来越激烈，获客的成本也越来越高，我们怎么样才能找到精准客户？推广引流的方法有很多种，首先得明确产品或服务定位、用户群体定位、找准目标用户或潜在用户的流动场景，分析挖掘出用户的喜好或偏好，再制定策略引导用户到达目的平台从而达到引流的目的。

每个渠道都有自己的特点与调性，直播带货除了大众熟悉的几个平台外，还有其他互联网平台可以为自己引流，如微博、简书、百度、今日头条等。免费推广模式可借助常用的推广渠道（如图6-1所示）：博客推广、论坛推广、微博推广、分类信息网推广、百度（360、搜狗）系列产品的推广、软文推广、自媒体平台推广、搜索引擎优化、网址导航推广、微信推广、视频推广等。

图6-1

当所有的平台都指向同一方向时，从直播前的引流分享，到直播中利用营销工具进行互动变现，一场直播活动形成了完整的流量闭环。

任务六　引流软文要这么写

问题引入

刷手机时经常在不同网站上看到同一家店铺的广告，它们由不同的账号进行宣传，这非但没有激起购买欲望，反而让人感到厌烦，这是出于什么原因呢？

我们都知道，有种心理叫"从众心理"，它的意思是消费者会跟随大众的消费行为完成各种消费。由此可见，对于直播带货而言，写好推广软文，增加点赞量和浏览量才能吸引消费者进入直播间观看，从而帮助产品销量快速提升。好的引流软文需要怎么撰写呢？我们来看看以下10个方法。

1. 分析用户了解需求

写文案之前，我们首要做好用户分析，搞清楚目标群体在什么地方聚集？他们有什么兴趣爱好？顾客关心什么？喜欢什么？经常会遇到什么样的问题？进入顾客的群体中去和他们聊天，记录下他们经常会遇到的问题，用自己的观点去给予他们帮助。

2. 写好标题，吸引点击

我们写软文标题一定要足够吸引人，留有悬念，让人产生好奇心，或者说直击读者内心，加强共鸣感，让读者们愿意点击进来。一个常见技巧就是把读者会遭遇的问题变成文案的标题，让他们产生兴趣，而我们的文章就是解决问题的指导方案。

3. 学会讲故事

文案的开头部分，我们可以通过案例和故事来慢慢引导出观点，把我们的思想融入故事当中。因为大多数人都对硬文和说教很反感，而对于好听的故事却常常没有抵抗力，故事也可以在潜移默化中影响到读者的价值观。现在的商品广告多把产品夹杂在故事剧情当中，增加读者的代入感，起到带货的作用。

4. 留下悬念，塑造好奇心

我们在文案的写作过程中，要注意不断地激发读者的情绪，好处不要一次性给完，要一点一点地让他时刻保持欲望和好奇心，让读者不断地被吸引而读下去，不断累加欲望，直到最后一刻被引爆，继而采取行动。

5. 进一步放大欲望和痛苦

通过一系列用户分析，我们可以了解到大部分读者的欲望和痛苦，而在写文案的过程中，我们从始至终要贯彻的一点就是：放大顾客的欲望和痛苦。

把顾客会面临的问题融入故事中，读者会因为这些问题而产生痛苦，软文撰写就要注意放大这种痛苦带给读者的感觉。通过给读者描绘他想要达到梦想或天堂，来激发他内心的渴望，通过痛苦和欲望的对比，读者想要改变的想法就会被进一步地放大。

6. 提供干货，分享价值

文章是与顾客建立信任的有效途径。通常，我们会在标题和开头的部分指出读者经常会遭遇的问题，而在后面进一步地进行分析，刷新读者的认知，提供解决方案，给予读者收获。

在不断分享有价值的干货的过程中，读者就会慢慢地对我们产生信赖感，我们再来呼吁他们采取行动，读者的行动力就会大大地增强。

7. 通过福利吸引顾客

我们在文章的中间部分，末尾留下好处或者说福利，让消费者主动想办法找到我们，联系我们，关注我们。这些主动吸引过来的顾客相对会比较精准，后期建立好了用户的数据库以后，他们对我们来说就是一笔宝贵的财富。

8. 客户见证和权威证书

在塑造顾客信任的过程中，我们有两个非常好的方法就是：客户见证和权威证书。最好是通过我们自己的故事，以及与顾客相类似的第三方用户的体验故事来作为我们的见证，客户见证的部分一定要直击顾客的痛点和欲望。

9. 塑造卖点和价值

想清楚我们的独特卖点，与众不同的价值点。不要说产品和服务没有特点，营销可以策划出与众不同的点。要么是细分市场的第一，要么是唯一。

10. 写好每一篇文案，引发传播和分享

每一篇优秀的文案都好像是一个经验丰富的老业务员，在网络上传播，为我们源源不断地带来顾客和粉丝。同样，在我们的文案中，要不断地给与读者好处，或者说激发读者的情绪，让他们产生分享和传播的欲望。

写好标题，吸引读者点击，留下悬念，塑造好奇心，放大痛苦，分享价值，给予好处，塑造卖点，再加上权威证书，通过讲故事的方式，在潜移默化中影响顾客和粉丝的思想和价值观，这就是好的引流软文能达到的促销效果。

做中学

请找几条自己喜欢的软文推广，分析喜欢它们的原因

_____
_____
_____
_____
_____

技能训练

小组合作开展训练，调查并体验网上购物，完成以下操作。

（一）调查了解国内直播技巧

小组合作，组内合理分工，完成以下的调查任务：

调查访问国内主要购物网站的移动端，分析直播带货中都采用了以上哪些技巧：_____

（二）任选一种常用的直播电商平台，体验操作流程

根据以上调查、讨论结果，组内分工，组员任选一种常用的直播电商平台，体验交易流程（可以模拟购买）。

1.你选择的直播电商平台是_____

2.你选择的产品是_____

3.你选择该产品的原因是_____

4.你选择什么方式推广自己_____

5.你的引流平台是_____

6.你的推广文案是_____

（三）交流体会

各小组成员组内交流讨论自己的体验，并选派代表在班级中交流。

1.目前国内主要的直播电商产品类型有_____
_____

2.根据调查体验，比较受消费者欢迎的直播电商类型有_____
_____

3.结合自身体验,谈谈在观看电商直播时,你最关注的直播推荐方式＿＿＿＿＿＿
＿＿＿＿＿＿＿＿＿＿＿＿＿＿＿＿＿＿＿＿＿＿＿＿＿＿＿＿＿＿＿＿＿＿＿＿

4.结合自身体验,谈谈直播电商最让你打动的引流软文＿＿＿＿＿＿＿＿＿＿
＿＿＿＿＿＿＿＿＿＿＿＿＿＿＿＿＿＿＿＿＿＿＿＿＿＿＿＿＿＿＿＿＿＿＿＿

(四)老师点评

项目七
了解直播电商 助力乡村振兴

学习目标

- 了解直播电商对地方农产品发展方式的影响
- 了解直播电商对乡村振兴的影响
- 了解本地直播电商的发展阶段

》 导语

2020年年底,我国要实现农村贫困人口全面脱贫,全面建成小康社会,精准扶贫则是根本实现路径。直播电商不仅能够授予农村贫困人口以鱼,更能授予贫困人口以渔,助力贫困人口彻底全面脱贫。

依托电商的发展优势,推进电商与农业产业、脱贫攻坚深度整合,力争农特电商以"四两拨千斤"态势撬动精准大脱贫,探索出一条脱贫致富奔小康的新路子。同时多方联动、培育品牌、培养直播团队,进一步发挥电商在"精准脱贫"中先锋队和"生力军"的作用,为乡村脱贫攻坚和乡村振兴贡献新的更大的力量。

任务一　解析直播电商对地方农产品发展方式的影响

▶▶ 问题引入

在农村新鲜的农特产品,由于传统的营销模式导致销售量少之又少,现如今,网络的发达给农村的人民带来了希望,将农特产品以电商直播的方式销售出去。那么农村电商直播助力产业有哪些发展优势?农村电商直播植入产业将会面对哪些困难?有什么影响?

丰富的农特产品在传统营销模式下滞销现象时有发生。而销售方式被动、销售渠道简单狭窄、难以应对复杂市场环境等问题,成为了当下农产品销售中存在的几大问题。

然而,互联网时代的到来,给农特产品销售带来了新的生机与活力!

2019年开辟了专门的扶贫板块,持续通过直播带动农产品销售。直播营销,已经成为了未来商业模式的主流。打造互联网电商营销新模式,借"直播"销售营销各地农特产品,撬动更广阔的产业市场,激发农特产品新的生命活力,已呼之欲出。

为推动实体销售和网购融合发展,激发农村产业活力,2019年国务院办公厅印发《数字乡村发展战略纲要》中明确指出实施数字乡村战略并开展电子商务进农村综合示范。在这一背景下,农村电商直播和产业发展开始实现融合,具体来说就是借助移动网络和电商平台为粉丝和观众展现农村生产生活的同时销售农业产品。为了加深对这一新模式的认识,本书将研究农村电商直播助力产业发展的优势所在和面临的困境,在此基础上提出农村电商直播营销助力产业发展的优化路径。

一、农村电商直播助力产业发展优势分析

随着移动网络的不断普及,视频直播成为农村地区人们日常生活的一部分,农村电商直播能为农村产业发展注入新兴力量,帮助农民增收的同时助力农村产业经济的发展。农村电商直播以一种全新的消费方式帮助观众通过视频实时互动的形式发现农村产品的"真实",进一步将所需销售物品"现场化",满足现代社会人们在快节奏生活间隙的半消遣、半消费的心理,农村场景化的移动营销模式提升了观众的体验效果,直播内容的真实性和趣味性促进了农村电商直播优势的发挥。

(1)农村电商直播通过低门槛、高效率营销助推产业发展。首先,参与直播销售

的农民不需要对商品图片和文字进行加工修饰，不需要技术门槛和表达门槛，农村广泛的人群获得信息生产和传播的权力，极大地降低了交易成本。其次，相较于传统电商营销的图片和文字，观众和消费者通过视频直播看到农产品的种植生产到加工为成品的一系列过程，动态的产品展示更直观呈现信息的真实性，提高销售效率。最后，精准的直播迎合现代人，每一位点进直播间的观众都可能转变成该销售渠道的消费者，"边看边买"的购物体验提升了潜在客户量，也进一步提高农村产品的销售效率。

议一议

低门槛的营销是否可靠？请说明理由。

（2）农村电商直播通过提升产品竞争力助推产业发展。一方面，大型电商平台的直播板块为农村产业发展和农产品售卖开拓新界面，直播的庞大带货效应吸引当地的农民参与进去并获得收益，而电商平台开展的爱心助农活动也为农村产业发展类视频直播提供支持，解决了以往农户囿于传统销售链的宣传困境，公开透明的生产和加工过程提升了消费者的信赖感和口碑，产品竞争力大大增强。另一方面，直播的互动功能帮助消费者和主播的沟通，消费者参与监督产品的品质同时拉近彼此距离，提升了消费者的安全感，进一步促进产品成功交易。

（3）农村电商直播通过扩大产业文化传播助推产业发展。随着政府力量的加持，受到官方认证的网络店铺主要拍摄农村地区的农产品、土特产等，借助这一载体，消费者足不出户就可欣赏到乡村产业所带来的文化风情，越来越多的农民加入直播间为观众展示乡村生活、推销自家农产品、推荐乡村旅游等。全方位展示的农村景色和田园生活吸引都市社会人群对乡村生活和田野风光的兴趣和乡村旅游的热情。农村电商所带来的产业文化间接地扩大了休闲农业、乡村旅游及农村相关产业新业态的知名度和影响力，从而大大地扩大了产业发展的外部效应。

想一想

电商直播助力产业还有哪些发展优势？

二、农村电商直播植入产业发展的困境

电商直播带来的巨大红利能够帮助形成农产品生产、加工、物流、消费等产业链的增收强闭环，地方政府和涉农企业因此成为农村电商直播发展的坚实推动力量。目

前，电商直播在提高农村产业经济方面仍处于初级阶段，容易出现不容忽视的困境，从一定程度上限制了农村电商直播的增收作用，主要表现在以下三方面。

（1）农村电商直播植入产业发展面临直播内容同质化的困境。直播的引流程度主要取决于直播内容的新颖和直播产品的优质。一方面，当前大多数的直播内容局限于采摘、加工、包装、展示农产品等，机械复制的直播内容和固定模式虽然方便农户学习和模仿，但也引起了消费者的审美疲劳。另一方面，出于趋利本性，大量资本选择入驻大型直播平台，这使直播内容的创作带有迎合消费喜好的特征，过度商业化的直播内容为满足观众猎奇心理，会选择吸睛、夸张的题目和内容以加大点击量，农村主播为消费者展示的内容被资本遮蔽，导致出现了大量雷同的农村直播内容和直播模式，影响了农村电商直播的发展。

🔍 **想一想**

针对直播内容同质化的困境应该如何处理？

（2）农村电商直播植入产业发展面临农户品牌意识淡薄的困境。一方面，随着网络的发展，电商营销已经转变方式向精准化方向发展，电商经营者和主播需要具备相当的店铺运营能力，然而，对大部分农民来说，对网络店铺的发展和直播间的维护与宣传皆不足。另一方面，高度依赖购物平台流量的直播虽然能够催生大量订单，但大多属于一次性消费，无法在高度碎片化信息充斥的网络空间形成记忆点，也就无法形成长久的客户吸引力，在网络时代，产品的品牌和文化才是延续销售有利局面最重要的影响因素。而农户自身力量薄弱，对农产品特色和品牌价值挖掘的能力不足，由于成本问题无法对客户进行针对性的宣传推广，品牌效果也就因此大打折扣。

（3）农村电商直播植入产业发展面临产业粘合程度不高的困境。网络购物流程的实现需要市场、顾客、产品、物流等一系列环节的完整契合，但在实际的电商交易过程中，由于缺少完善的农业信息网络获取渠道，农户很难得到及时准确的市场行情；农产品自身季节性和周期性导致销售存在不稳定因素；交易过程中的仓储、物流等保障设施建设不完备，导致产品在售后服务方面得不到有力保障等一系列问题都反映出贫困地区缺乏保障的产业基础无法满足农村电商直播发展的需要，出现了直播如火如荼地开展，后续维护却跟不上的情况，因服务问题导致消费者丧失对店铺和产品的信任，顾客流失导致销售环节断裂。农村产业普遍规模较小，如果不能建立起行之有效的产业服务机制，市场的进一步扩大也将面临阻碍。

任务二 解析直播电商对乡村振兴的影响

▶ 问题引入

国家出台乡村振兴政策,农民们都积极参与进来,带动当地经济的发展。但是受疫情的影响,种植芒果的农户,自家种植的芒果出现滞销,在刷短视频时发现了有商户正在直播间销售苹果,于是农户也有样学样开起了直播,然而效果却未能令人满意,直播电商能带动乡村振兴的发展吗?二者之间关联大吗?

2020年年底,我国要实现农村贫困人口全面脱贫,全面建成小康社会,精准扶贫则是其根本实现路径。直播电商不仅能够授予农村贫困人口以"鱼",更能授予贫困人口以"渔",助力贫困人口彻底全面脱贫、实现乡村振兴。

一、直播电商有助于舒缓新型冠状病毒肺炎疫情的影响

2020年受新型冠状病毒肺炎疫情的影响,湖北全面封禁,导致湖北大量农产品滞销。湖北省农业农村部的数据显示,截至2020年4月7日,湖北省全省春茶待销库存7601.7吨,小龙虾成品虾存塘量约7.14万吨,湖北省内随州、荆门、宜昌、十堰、襄阳5个主产地,干香菇累计库存约3.49万吨。而且受疫情影响,这些农产品存在严重的产销积压、价格下滑和资金周转等困难。而随着中央电视台、人民日报社、新华社等媒体,淘宝、快手、抖音、拼多多等直播电商平台,主持人、明星、专业主播等纷纷帮助湖北带货,一度因疫情影响而出现的"猪压栏、禽压棚、鱼压塘、菜压田"等农产品滞销情况得到了缓解。

(1)中央电视台打响媒体为湖北直播带货第一枪。2020年4月6日晚,中央电视台新闻"谢谢你为湖北拼单"公益行动首场带货直播开播,担任首场直播"带货官"的是央视新闻主播朱广权和带货达人李佳琦组成的"小朱配琦"组合,这场公益直播吸引了1091万人观看,累计观看次数达12亿,直播间点赞数18亿,两个小时的直播,累计卖出总价值4014万元的湖北商品。此后,中央电视台又联手众多明星开通直播带货助力湖北农副产品销售。4月12日晚,欧阳夏丹携手王祖蓝、蔡明、十堰市副市长及66位快手达人,带来"谢谢你为湖北拼单"第二场公益直播,卖出6100万元的湖

北特产和农副产品。

（2）人民日报社多次为湖北带货。在短短的半个月时间内，人民日报社5次与淘宝直播合作，吴倩、周深、潘粤明、潘长江、易建联等，走进人民日报社的淘宝直播间，在镜头前试吃、唱歌、跳舞。4月30日晚，在淘宝直播间里，优质湖北美食引发抢购狂潮：3万份随州香菇6秒被抢光、3.8万份洪湖藕带5秒被抢光……最受欢迎的小龙虾卖光28万份，武汉特产"周黑鸭"也迎来爆发：一晚抢光19.9万份鸭脖、13.5万份鹏锁骨，甚至还有1750台湖北车"风神奕炫GS"在淘宝直播间里被预订。2.26亿元的湖北农产品被秒光，创下为湖北带货新纪录。

（3）新华社也为湖北复工复产助力。2020年4月18日，新年社主持人和杨坤相约新华社"快看"直播间，湖北省黄冈市、恩施土家族苗族自治州、荆州市、十堰市五市州相关负责同事连线新华社"快看"直播间，为当地特产卖力吆喝。据不完全统计，本次直播销售当地特色农产品超50万件，销售额逾2000万元。

二、直播电商授农村贫困人口以"鱼"

近些年，农村电商发展迅速，2019年全国农产品网络零售额达到3975亿元，全国农村网商突破1300万家。而直播电商虽然在2019年刚开始大发展，但是已经给农村和贫困人口带来了实实在在的实惠，帮助他们提升了收入。2020年4月19日，在国务院新闻发布会上，农业农村部高度肯定了直播带货新模式对农产品销售的意义。农业农村部市场与信息化司一级巡视员陈萍介绍，直播带货等形式促进了农产品销售，已经成了新潮流、新亮点，是农产品营销的创新，也补上了传统农产品营销的"短板"，对于缓解"卖难"、助力产业发展和促进农民增收都发挥了积极的作用。特别是在疫情期间，全国上万间的蔬菜大棚瞬间变成了直播间，市长、县长、乡镇长纷纷带货，还有红人带货，让直播成为"新农活"，也让农产品的销售找到了新的出路。

（1）淘宝成为电商助农第一平台，尤其是淘宝直播作为飞速发展的新经济场景，正在助力中国亿万农民脱贫致富。在农村，数据正在成为新农资，手机成为新农具，直播成为新农活。为实现智慧网络助农兴农，阿里巴巴于2020年4月7日启动"春雷计划"，将在全国建设1000个阿里巴巴数字农业基地，并深入原产地直采，组织产地溯源直播。作为直播带货的首创者和引领者，淘宝直播早在2018年开始，就在全国各地帮助、指导农民成为主播。截至2020年3月底，全国共有6万多名农民入驻淘宝直播，成为农村主播。未来1年，淘宝直播还将孵化超过20万名农村主播。当前，淘宝直播平台上与农产品相关的直播已达140万场，覆盖全国31个省（区、市）2000多个县（区），田间、大棚仓库、渔船都成了农村主播的直播间。零门槛入驻淘宝直播，大大加强了中国农民的数字化意识——只要拥有一部智能手机，就能把自家农产品送到全世界。直播镜头前，是积极拥抱新经济的农民，而直播镜头后，是阿里巴巴的全套数字化能力，智慧物流、数字农业、电商助农……农村主播们谈起这些如数家珍。

想一想

电商助农平台的选择上会有哪些限制？

（2）快手在精准扶贫方面成效显著。快手发布的数据显示，2019年，有超过1900万人从快手平台获得了收入，其中有500多万人来自国家级贫困县。国家级贫困县在快手卖货人数约115万人，年销售总额达到193亿元。其实，快手早在2019年就开始进行电商助农的探索，当年快手联合国务院扶贫办等20多家官方机构和各地政府举办了"快手扶贫电商"2019春季专场，97位快手主播为76款贫困地区的农产品代言卖货，吸引了1.54亿人，平均每3秒卖出1件，为16万贫困人口增收。而到了2020年，快手将在全国多个省地发起县长代言直播带货活动，将持续引入县长、副县长等县级领导入驻快手，开设个人政务账号，进行短视频政务、电商宣传，并把电商带货活动作为县域政务、电商宣传中的重要一环。已入驻快手的县级领导，后续带货活动会优先选择。

（3）为了帮助偏远地区农民的农产品打开销路，2020年3月11~3月12日，抖音音直播利用自身优势，联动来自6个县的书记、县长，6位美食达人，一起走进抖音"战疫助农"直播间，为大家介绍当地农特产，让全国网友更好地了解当地农户情况及相关农产品信息。3月11日的直播数据显示，当天3场直播累计销售农产品35.6万斤，销售额达565万元（含达人带货量）。

议一议

就你所了解的直播助农事件进行交流和分享。

三、直播电商授农村贫困人口以"渔"

直播电商除了给农村的贫困人口带来真金白银之外，还通过各种方式给予农村和贫困人口脱贫致富的能力和工具。

1. 推出各类针对农村的扶持计划

农村贫困人口之所以较为贫困，自身能力和创富能力水平较低是主因，而要真正实现精准扶贫就需要对他们加强培训，从根本上提升他们的能力，即扶贫先要扶智。

（1）阿里巴巴推出系统的培训计划。2011年，阿里巴巴基金会正式成立，基金会总监倪利民说，成立基金会意味着脱贫工作成为阿里巴巴的战略性业务。基金会对农民进行电商知识的培训。基金会深刻认识到，如果精准扶贫和直播电商的结合仅仅停留在直播带货层面，则对于地方脱贫难以起到可持续的效果，因此，阿里巴巴基金会对当地人员进行系统化的培训。系统化的培训贯穿于早期选品、主播现场直播等全过程中，通过对当地人员的系统化培训，帮助当地人员把产品打造成品牌，以供整个直播体系的主播使用，最终助力地方实现可持续的脱贫致富。

（2）淘宝直播上线"村播"计划。2019年1月，"村播"计划正式上线，鼓励农民拿起手机自己开播。其中，"县长来了"是"村播"计划中的固定栏目，每天中午12时到下午2时，淘宝直播会邀请一个县的县长或基层扶贫干部直播，帮助当地村民卖农产品。

（3）快手平台开展了系列乡村扶持计划。包括培育乡村带头人的"幸福乡村战略"、电商带货的"福苗计划"、幸福乡村的"5亿流量"计划等。一是快手于2018年启动了快手"幸福乡村战略"。将在未来3年内发掘至少100位有能力、有意愿的乡村快手用户，为他们提供产业、品牌、商业、管理等多个方面的资源和培训，把他们变成"乡村带头人"。为了更好地帮助这些"老铁"，快手还选取具有家乡特色的农产品，通过"家乡好货"计划促进销售。"家乡好货"项目旨在用流量和技术优势，挖掘与推广100个贫困地区的特色物产，系统性地支持新农人，反哺贫困地区，实现乡村造血。首批20位"幸福乡村带头人"在2018年9月，从四川、云南、贵州、内蒙古等6个省区12个贫困县区汇集到清华大学，参加了首期"幸福乡村创业学院"，接受了专业的商业和管理教育培训。二是"福苗计划"推出电商扶贫项目。2019年，快手特别推出扶贫电商达人征集的"福苗计划"。在该计划中，快手将面向全站招募达人、MCN机构、服务商等各类有志于帮助贫困地区的"老铁"，通过快手电商这个平台，帮助国家贫困地区进行家乡好货和美景的推广、销售，将贫困地区的优质特产推广到全国，进而带动当地相关产业的发展，进而实现可持续脱贫和乡村振兴。三是2018年7月起，快手发起了"打开快手，发现美丽中国"战略，目前已与张家界、锡林郭勒盟、丽江永胜、新疆哈密等10个地区进行合作，共同扶贫，很多快手达人也参与了进来。其中，在快手与财政部定点扶贫办、国家级贫困县永胜县的合作中，来自云南、福建、山东等11个省份的13位爱心快手达人参与直播销售永胜特产软籽石榴，在1个小时内卖出了3372公斤，价值近9万元。

（4）腾讯将为农村提供专属的信息服务平台"为村"，并免费提供给国家档立卡贫困村、革命老区、边疆少数民族地区，以及粤东西北所辖行政村等使用。

（5）字节跳动推出文旅扶贫项目。2018年11月29日，字节跳动正式启动"山里都是好风光"扶贫项目，将以抖音为主要平台，助力更多贫困地区文旅扶贫。该项目将为拥有关好风景的贫困县。综合提供流量倾斜、产品扶持、人才培训、站内认证等全套方案，帮助更多贫困县打造文旅产业名片。该项目还与中国人民大学新闻学院达成合作，双方将联合为扶贫达人提供综合课程培训，使他们掌握内容创作、电子商务、品牌管理等全方位技能。此外，入选项目的贫困地区将获得"抖音美好打卡地"认证。位于甘孜州的稻城亚丁，就因为美出天际刷爆抖音，而成为超热门旅游胜地。稻城县统计局公布的数据显示，仅2018年上半年，稻城县就已接待国内外游客68.7万人次，同比增长56%，超过2017年全年接待游客量。四川盐源县因为抖音上一段拍摄了泸沽湖下"水性杨花"、堪称有着极致美感、被播放了2100多万次的短视频，而成为网友踊跃"打卡"的胜地。

（6）拼多多的"多多农园"模式。"多多农园"是由拼多多发起的探索脱贫攻坚和乡村振兴机制性衔接的创新模式，其方法就是实现消费端"最后一公里"和原产地"最初一公里"直连，彻底解决农民的农产品销售的问题，同时也让消费者能够买到价格更为优惠的农产品，实现双赢。拼多通过"一个新农商、一个新业态、一个新机制、一批新农户"的策略，实现"人才乡土化、产业持久化、利益农户化"的目标，让最终的收益完完全全地稽到贫困村和贫困户身上。拼多多最大的不同之处就是非常细心地从根源改造入手，从供求上改造入手，可以说是互联网时代的"要致富先修路"。不过这条路是全新供应链的物流通路，让农产品可以先从产地运送出来。这条路还是网络的销路，从之前的电商团购，到现在的直播带货，其本质上都是这条销路的重建。这条路帮助农民建立自己的小店，积累自己的"粉丝"，形成自己是扶贫的思想之一，这样农民才能走上真正的脱贫之路。平利县多多农园的造势和销售的能力非常强，带头人王秀梅就是精准扶关贫的典型代表，2019年9月，多多农园资助她52万元作为启动资金，她带领51户种植绞股蓝的贫困户组成了寻梦农园绞股蓝合作社，从2020年2月开始直播后仅1个月，店铺就成为养生茶类目好评榜的第一位，大大提升了扶贫的精准度，加速了脱贫事业的进程。

🔍 查一查

收集所有平台推出的针对农村的扶持计划。

2. 培养大量的农村主播

主播在直播电商中起着至关重要的作用，农村尤其是贫困地区的直播电商之路要想可持续发展，不能单纯依靠外部主播和明星等主播，而要培养大量的农村主播，目前各大直播电商平台也正在扶持农村尤其是贫困地区的主播。

（1）淘宝大力扶持农民主播。一是启动"村播计划"。2019年1月底，淘宝直播启动"村播"计划，旨在培训农民主播，让农民直接对接市场，帮助乡村乃至贫困地区更高效地销售特色农产品。"村播计划"启动一年，淘宝直播农产品直播场次已达120万场，覆盖全国31个省市区，2000多个县域，带动了6万多新农人加入到直播。2020年3月30日，作为中国最大的农产品电商平台，淘宝正式发布"村播计划2.0"，2020年将联合山东、河南、浙江、江苏、湖北、广西、海南、重庆、陕西、江西、河北、云南、广东、山西、辽宁、福建16个省区市的商务和农业部门，共同孵化20万新农人，通过直播带货农产品销售额将达到150亿元。据统计，仅2020年3月15日当天就有超百位乡村官员直播，达到"村播计划"启动以来的最高潮。二是2020年2月率先启动"爱心助农"计划，出台助农十大举措，其中之一就是帮助农产品商家免费开通淘宝直播，通过创造农业数字化新场景解决供应链问题。截至2020年3月30日，淘宝"爱心助农"累计销售农产品已超过15万吨。三是陕西已成淘宝农民直播第一省，当地的淘宝农民主播数量在1年之内猛增7倍，每4位淘宝主播就有1位扎根农村，为农民带货。过去1年，淘宝网发卖了170多万吨陕西农产品。四是2020年6月18日，阿里巴巴推出"脱贫春雷计划"。"脱贫春雷计划"主要包括一系列举措，如在全国建100个"村播学院"，培有10万名农民主播，打造50个特色农产品品牌，建设10个"蓝骑士村"，面向贫困县提供10万个以上就业岗位等。

（2）快手发布了"三农快成长计划"和"万村主播培养计划"。快手作为下沉市场的巨头，很多主播本就出身于农村，在培养农村主播方面有丰富的经验和土壤。一是2019年9月，在雷山举办的直播带货助力消费扶贫的活动中，快手发布了培训当地主播的"三农快成长计划"。二是2019年，快手响应中国扶贫志愿服务促进会的号召，参与"万村主播培养计划"针对全国范围内的贫困乡村，培养乡村达人，以流量普惠贫困人群，以教育造血，以社交电商助力特产销售。除此之外，快手将通过线下线上相结合的培训方式寻找、发现贫困地区的乡村主播，培养并帮助他们快速成长，打造依托本地特色的专业主播，助力贫困地区发展。

快手上的农村专业主播比比皆是。例如，贵州省黎平县的"80后"扶贫书记吴玉圣发掘的"浪漫侗家七仙女",成为快手上介绍侗族文化的窗口。"七仙女"团队联合黎平其他用户,共同发起"黎平快手助力产业扶贫协会",帮乡亲售卖农特产品,平均每天接到近百个订单,带动了当地村民增收。再如,四川甘孜"迷藏卓玛"格绒卓姆。她通过快手直播,每个月帮村子卖出30多万元的虫草。稻城县政府授予她"2018年电商扶贫先进个人"称号。格绒卓姆夫妇还成立了农民专业合作社,带动当地村民一起致富。此外,"爱笑的雪梨吖"、快手"鲁智深"等都是农村专业主播的典型代表。

(3)抖音也加大了对农村主播的扶持力度。例如,四川省阿坝州小金县的何瑜娟,从2017年到2020年5月中旬,在抖音上已经分享了796个视频,"粉丝"超191万人。通过抖音,何瑜娟获赞2461.8万次。通过抖音,何瑜娟让屏幕前的网友清楚地看到了虫草、牦牛的生长环境及生长过程等。除了帮农户销售产品外,何瑜娟还村挨家挨户收货,将产品集中整合、统一销售,既减轻了农户自己销售的负担,还带动了就业。通过场直播,何瑜娟为结斯沟廖家园村建卡贫困户销售跑山鸡198只、为马尔康龙尔甲乡干木鸟贫困村销售老腊肉164斤、帮日尔乡董马山村卖出4000多枚鸡蛋和销售小金苹果近3万斤,2019年5月,她还通过直播为马尔康市丹波村销售核桃463斤。据当地报道,2018年,在她的带动下,各地一年销售的农产品金额达300万元,精准扶贫当地贫困户、农户500多户。

议一议

如果没有了知名人士的扶持带货,农民自己开设直播,效果还会如此好吗?

3. 当地领导干部探索更为长效的机制

中国的很多贫困地区,尤其是贫困山区没有得到充分开发,自然环境保护较好,但是由于当地缺乏传播平台和不擅长推广等原因而导致不为外人所知,直播电商平台不仅提供了更好的销售平台,而且还能够更好地宣传和推广自身,借助直播电商平台建立起长效机制,实现可持续的脱贫。

(1)安徽砀山县副县长朱明春与主播合作售卖"梨膏"成网红品牌。2018年12月,在共青团中央参与的脱贫攻坚公益直播盛典上,安徽砀山县副县长朱明春与主播合作,5分钟将当地特色的梨膏一售而空,梨膏也"一播成名",此后还多次出现在其他主播间,成为网红单品。它带动当地超过10万人就业,直接助力1.3万户果农脱贫,还让砀山县摘掉了贫困县的"帽子"。

(2)本地领导干部借助直播电商平台更好地推介工作。贫困地区可以通过良好的推介工作,让外部的人更好地了解本地的文化旅游资源、风土人情,吸引更多的人到本地旅游和投资。《抖音县域图景点数据报告》显示，抖音最热门的100个县域景点中，约三成位于贫困县；抖音上最热门的10个县，有4个是贫困县，包括凤凰县、稻城县、栾川县和永和县；抖音10强县域景点中，有5个景点位于贫困县，包括永和黄河蛇曲国家地质公园、上山庄花海、五色海、张家界大峡谷玻璃桥和牛奶海。

（3）助力本地治理能力提升。内蒙古自治区锡林郭勒盟多伦县县长刘建军在快手上创下多个第一：第一个在快手实名认证的县长；直播时县长打败全国99%的快手用户；并且很有可能成为"草原地区唯一一个实名认证的"快手县长"。刘建军借助快手实现了从县长问政到县域治理的转变，2019年6月底，多伦县首开"快手问政"先河，有包括县长在内的政府各个部门、与民生息息相关的机关单位负责人在多伦县人民政府和多伦县县长刘建军的快手号直播问政，直接回答或者解决群众关心的切身问题。进入2019年11月，多伦又开通了"多伦诺尔助农直播间"，每天晚上邀请包括农民在内的与三农有关的人士参与直播，已经越来越火。

（4）助力扶贫长效机制的建立。河南南阳镇平副县长王洪涛是河南省在快手上为数不多、认证的（挂职）副县长，他致力于通过直播，让更多网友关注镇平和镇平的农产品等。镇平县是"中国金鱼之乡""中国锦鲤之乡"，在相关报道中，以"不用转发'锦鲤'，全村遍地锦鲤"的镇平县侯集镇向寨村为中心，家有鱼塘，户户养锦鲤，全民搞直播，一个辐射镇平全县的观赏鱼养殖格局已形成，带动8个乡镇45个行政村，养殖水面15万亩（1亩≈66方米），每年销售额8亿元。除王洪涛之外，镇平县还有80多位干部主播，5000多位百姓主播。有研究机构给出证明，镇平县的电商发展指数位居第一位，县中西部大众电商创业最活跃县之一。之前，农产品从生产到批时，到批运输、零售，重重流通，效率太低，而"农民+快手平台"的模式，平台为品牌担保，农民专注于生产，二者紧密耦合。对农民而言，用平台沉淀数跃用户，消除了生产、组织中的不确定性，提高了效率，而用户则可以更直接、面对面、点对点地得到更具性价比的产品。

4. 直播电商扶贫需要打造相对完善的产业链

由于国内的农产品不少还是个体化生产，且农产品保质期短、容易腐烂，产品的质量很难保证。如果直播电商的产品质量不能保证，用户购买几次了，就不会再购买。从根本上损害扶贫农产品直播的美誉度，这就要求直播电商扶贫要打造相对完善的产业链，以保证长期可持续发展。例如，在罗永浩的某场抖音带货直播间中，信良记麻辣小龙虾成为直播"销量王"。伴随逐步发货，不少消费者对小龙虾包装上2019年5~6月的生产日期和18个月的保质期产生质疑。另外，据启信宝显示，找罗永浩直播带货的"信良记"曾在2019年10月因发布虚假广告被处罚900元。

🔍 **想一想**

为什么知名主播会出现翻车事件？

农村电商涉及生产、包装、仓储、物流运输、售后服务等方方面面，而一般贫困地区的交通、物流基础设施薄弱，人才、资金等要素稀缺，当地政府与直播电商平台结合，完善当地的产业链，而直播电商平台则可以做好主播人才培训和外部推介。供给侧结构性改革，具体来说，贫困地区应引导农业经营主体直面市场，深化立足特色资源，寻求错位精准，解决"种什么"；推广标准化生产，提高科技含量解决"怎么种"；发展深加工，延伸产业链，打造品牌，解决"怎么卖"。把农业全产业链与直播电商深度融合起来，才能真正促进农业产业提质增效，充分释放乡村发展新动能。

技能训练

小组合作开展训练，调查并体验直播电商购物，完成以下操作。

（一）调查了解直播助力乡村振兴

小组合作，组内合理分工，完成以下的调查任务：

调查访问直播电商对哪些产业的更有作用：＿＿＿＿＿＿＿＿＿＿＿＿＿＿＿

＿＿＿＿＿＿＿＿＿＿＿＿＿＿＿＿＿＿＿＿＿＿＿＿＿＿＿＿＿＿＿＿＿＿＿＿＿＿

（二）任选一个产业，体验操作流程

根据以上调查、讨论结果，组内分工，组员任选一种产业，体验乡村振兴流程（可以模拟购买）。

1.你选择的产业是＿＿＿＿＿＿＿＿＿＿＿＿＿＿＿＿＿＿＿＿＿＿＿＿＿＿

2.你选择该产业的原因是＿＿＿＿＿＿＿＿＿＿＿＿＿＿＿＿＿＿＿＿＿＿＿

3.你选择跟哪个平台合作推广产品＿＿＿＿＿＿＿＿＿＿＿＿＿＿＿＿＿＿＿

4.针对产品滞销你的解决方案是＿＿＿＿＿＿＿＿＿＿＿＿＿＿＿＿＿＿＿＿

（三）交流体会

各小组成员组内交流讨论自己的体验，并选派代表在班级中交流。

1.目前国直播电商平台对乡村振兴的扶持力度主要分布在哪个产业＿＿＿＿＿＿

＿＿＿＿＿＿＿＿＿＿＿＿＿＿＿＿＿＿＿＿＿＿＿＿＿＿＿＿＿＿＿＿＿＿＿＿＿＿

2.思考如何解决农村电商直播植入产业发展的困境_____
_____

3.如果让你写一句乡村振兴的直播宣传语你会怎么写_____
_____

（四）老师点评

参考文献

［1］曾鸣.智能战略阿里巴巴的成功与战略新蓝图［M］.北京：中信出版社，2019.

［2］淘宝大学达人学院.淘宝直播运营与主播修炼手册［M］.北京：电子工业出版社，2017.

［3］快手研究院.快手是什么［M］.北京：中信出版社，2020.

［4］勾俊伟，张向南，刘勇.直播营销［M］.北京：人民邮电出版社，2017.

［5］黄小仙.社交裂变［M］.北京：机械工业出版社，2019.

［6］刘翌私.域流量池［M］.北京：机械工业出版社，2020.

［7］冯平，刘焱飞，朱中城.私域流量［M］.北京：机械工业出版社，2019.